DELMAS Céline

LES DOSSIERS HACHETTE

Instruction civique et morale

cycle 3

CHRISTOPHE SAÏSSE

PROFESSEUR D'HISTOIRE-GÉOGRAPHIE-ÉDUCATION CIVIQUE

STÉPHANE COUTELLIER-MORHANGE

PROFESSEUR DES ÉCOLES – MAÎTRE-FORMATEUR

hachette
ÉDUCATION

Directrice éditoriale : Stéphanie-Paule SAÏSSE

Responsable de projets : Marie LUCAS

Création de la maquette de couverture : Laurent CARRÉ et Estelle CHANDELIER

Exécution de la maquette de couverture : TYPO-VIRGULE

Illustrations de la couverture : Jérôme BRASSEUR

Création de la maquette intérieure : Laurent CARRÉ et Estelle CHANDELIER

Mise en pages : TYPO-VIRGULE

Illustrations : Nathalie DESVERSCHÈRE (pages 4-5, bandeaux des titres, fonds texte et fonds « Carnet de route »), Jérôme BRASSEUR (pages 6, 8, 10, 13 bas, 15, 16, 17, 21, 22 haut, 24, 25, 41, 59), Gilles POING (pages 13 haut, 14, 22 bas, 23, 45) et Nathalie GUÉVENEUX (page 30)

Cartes, plans, axes et graphiques : Nathalie GUÉVENEUX

Recherche iconographique : Amandine GIRARD et Nataliya KRUGLOVA

Fabrication : Nicolas SCHOTT

Cet ouvrage est imprimé sur du papier composé de fibres naturelles, renouvelables, recyclables, et fabriqué à partir de bois issu de forêts gérées de façon durable conformément à l'article 206 de la loi n° 2010-788 du 12 juillet 2010.

ISBN : 978-2-01-117445-1

Avant-propos

Depuis la Révolution de 1789, l'école a toujours été pensée en France comme directement liée à la citoyenneté. Condorcet est la figure emblématique de cette conception selon laquelle le fonctionnement et l'amélioration de la République requièrent des citoyens éclairés par la raison, citoyens dont la formation implique l'existence de l'institution École. Après la mise en place des nouveaux programmes de collège en 1995 et la création de l'Éducation civique, juridique et sociale (ECJS) dans les trois classes de lycée en 1999, le retour de l'« Instruction civique et morale » dans les programmes du primaire en 2008 montre que concourir à la formation du citoyen est une mission fondamentale de notre système éducatif de la maternelle à l'Université. Les connaissances, les compétences, la culture transmise, par et à l'école ont donc pour première finalité la formation de citoyens capables de vivre ensemble, de débattre des sujets qui les concernent et de choisir librement leurs représentants dans un espace public où ils sont égaux. Réciproquement, la construction d'un espace public démocratique implique des citoyens éclairés. Autrement dit, l'école est civique par nature.

Le dossier *Instruction civique et morale* fait la synthèse de cet enseignement, de ses différents aspects et de ses enjeux. Il constitue surtout une aide à sa mise en œuvre par les enseignants.

Le dossier est découpé en 8 chapitres qui traitent les grandes thématiques du programme en trois doubles pages (« Vivre ensemble », « Être un citoyen français », « Être un citoyen européen »...). Les thèmes sont clairement identifiés, délimités, envisagés dans leurs fondements historiques et dans leurs enjeux actuels. Ils sont présentés à l'aide de documents variés (photographies, textes, cartes, dessins, graphiques, frises chronologiques...) et de questions qui suscitent et accompagnent la réflexion de l'élève. À la fin de chaque chapitre, un *Carnet de route* récapitule les principaux points abordés.

Tous les trois chapitres, une double page *À la manière de...* permet de traiter un sujet en classe en travaillant de manière transversale (concevoir un programme, rédiger une fiche sur un pays, composer une affiche...).

Le dossier se termine par une frise chronologique et par un petit lexique rassemblant tous les mots clé mis en rouge dans les *Carnets de route*. Deux cartes de synthèse, accompagnées de photographies des principaux lieux de pouvoir en France et dans l'Union européenne, sont proposées à l'intérieur de la couverture.

Les auteurs

SOMMAIRE

Instruction

civique et morale

Pourquoi faut-il des règles

Pour bien vivre ensemble, nous devons respecter des règles. Nous avons aussi le devoir d'être solidaires les uns envers les autres.

Doc. 1 **Des règles pour travailler, apprendre et vivre ensemble en classe.**

1. Comment certains élèves perturbent-ils cette classe ?

2. Comment la maîtresse réagit-elle ?

3. Quelles règles faudrait-il respecter pour améliorer le travail de cette classe ?

Doc. 2

4. Cherche le sens du mot « laïcité ». Pourquoi peut-on dire que les écoles publiques sont des écoles laïques ?

5. Qu'est-ce que « l'obligation scolaire » (article 3) ?

6. Qui a écrit ces règles ? Qui les fait respecter tous les jours ?

7. Compare ce règlement avec celui de ton école.

LE RÈGLEMENT INTÉRIEUR D'UNE ÉCOLE

1. Admission : Matin – entrée : 7 h 50 / sortie : 11 h 30.
Après-midi – entrée : 13 h 20 / sortie : 16 h 00. […]

2. Laïcité : […] Le port de signes ou de tenues par lesquels les élèves manifestent ostensiblement une appartenance religieuse est interdit. […]

3. Obligation scolaire : La fréquentation doit être d'une régularité constante. […]

5. Respect du matériel : Les enfants doivent prendre soin des livres, cahiers et petits matériels fournis ou mis à la disposition par l'école. En cas de perte ou de détérioration, leur remplacement s'effectue aux frais de la famille. […]

7. Relation des enfants avec les adultes et avec leurs camarades : Les enfants doivent se montrer polis vis-à-vis de toutes personnes fréquentant l'école. […] Toute impolitesse, toute grossièreté sera sanctionnée. Les enfants doivent s'interdire tout geste de violence verbale, gestuelle et physique à l'égard de leurs camarades. Tout fait grave sera sanctionné. Des règles de vie sont élaborées dans chaque classe en début d'année. […]

Extraits du règlement intérieur de l'école publique de Hilsenheim, Bas-Rhin.

Doc. 3 **Des règles de politesse**
(vignette extraite de « Lili est malpolie », Dominique de Saint-Mars et Serge Bloch, © éd. Calligram).

8. Décris l'attitude de Lili. Est-elle polie ?

9. Que penses-tu de la réplique de son père ? Peut-elle parler comme cela à ses amis ?

10. À quoi servent les règles de politesse ?

11. Cite trois règles de politesse.

DES RÈGLES POUR APPRENDRE
À RESPECTER LES DIFFÉRENCES

À la rentrée des classes, regarde tous les élèves et remarque qu'ils sont tous différents, que cette diversité est une belle chose. C'est une chance pour l'humanité. Ces élèves viennent d'horizons divers, ils sont capables de t'apporter des choses que tu n'as pas, comme toi tu peux leur apporter quelque chose qu'ils ne connaissent pas. Le mélange est un enrichissement mutuel. Sache que chaque visage est un miracle. Il est unique. Tu ne rencontreras jamais deux visages absolument identiques.

Tahar Ben Jelloun, *Le Racisme expliqué à ma fille*,
© éd. du Seuil, 1998, 2004.

Affiche pour annoncer la Journée de lutte contre le racisme du 21 mars 2004.

Doc. 4

12. Qu'est-ce que le racisme ?

13. Comment cette affiche le condamne-t-elle ?

14. D'après le texte, pourquoi la diversité des élèves est-elle « une belle chose » ?

Comment faire respecter

PUNIR LES INFRACTIONS À LA LOI

La loi est une règle qui s'impose à tous. Une personne qui ne respecte pas la loi commet une infraction. Les infractions sont classées selon :
– leur gravité : contravention, délit, crime ;
– leur nature : infractions contre les personnes (coups et blessures, homicides) et infractions contre les biens (vols, dégradations, destructions).
Les policiers et les gendarmes sont chargés de rechercher les auteurs d'infractions à la loi, afin que la justice puisse les juger.

1. À quoi sert la loi ?

2. Qui est chargé de rechercher les auteurs d'infractions à la loi ?

3. Qui est chargé de les juger ?

4. Et à l'école, qui est chargé de sanctionner ceux qui ne respectent pas les règles de vie ?

Doc. 1

Doc. 2
Faire constater les violences contre les personnes.
Les infractions doivent être constatées pour être jugées. C'est pourquoi, si on est victime de violence, il faut déposer plainte auprès de la police ou de la gendarmerie.

5. Cet enfant est victime d'une infraction à la loi. Laquelle ?

6. Pourquoi peut-on dire qu'il a bien réagi face à cette situation ?

7. Quelle est la décision prise par ses parents ?

8. À ton avis, que risquent les auteurs de ces violences ?

Doc. 3 Protéger les biens contre les dégradations.
Les dégradations des biens sont punies par la loi. Par exemple, le fait de tracer des inscriptions, des signes ou des dessins, sans autorisation, sur les façades ou les véhicules est puni de 4 200 euros d'amende. L'amende est doublée lorsque le bien dégradé est un bien public.

9. Que font ces individus ?

10. Est-ce autorisé par la loi ?

11. Quelle punition risquent-ils ?

2 – Adopter une attitude responsable		
2.1) Je connais les droits et devoirs indiqués dans la charte d'usage.	❑	*Date :* .... *Nom et signature :* ....
2.2) Je respecte les autres et je me protège moi-même dans le cadre de la communication et de la publication électroniques.	❑	*Date :* .... *Nom et signature :* ....
2.3) Si je souhaite récupérer un document, je vérifie que j'ai le droit de l'utiliser et à quelles conditions.	❑	*Date :* .... *Nom et signature :* ....
2.4) Je trouve des indices avant d'accorder ma confiance aux informations et propositions que la machine me fournit.	❑	*Date :* .... *Nom et signature :* ....

Doc. 4 Avoir une attitude responsable
(extrait du « B2i école »).
Grâce à Internet, tu peux consulter, télécharger ou diffuser gratuitement des écrits, des images et de la musique. Mais tu ne peux pas utiliser une œuvre sans l'autorisation de son auteur : c'est une infraction à la loi qui protège les droits d'auteur. De plus, tu es responsable de tout ce que tu diffuses sur Internet. Par exemple, tu n'as pas le droit de diffuser des écrits racistes.

12. Quelles règles dois-tu respecter lorsque tu utilises Internet ?

13. Quels peuvent être les indices dont parle le point 2.4) ?

14. À ton avis, est-il moins grave de télécharger un disque que de le voler dans un magasin ? Pourquoi ?

Doc. 1 La solidarité est un devoir personnel.

1. Décris chaque dessin. Comment la solidarité entre les personnes se manifeste-t-elle dans ces situations ?

2. Trouve deux autres situations où l'entraide est nécessaire.

UNE ACTION DE SOLIDARITÉ COLLECTIVE EN FRANCE : LES RESTOS DU CŒUR

Durant la première campagne des Restos, l'hiver 1985-1986, ce sont 8,5 millions de repas qui ont été servis. À l'hiver 2006-2007, ce sont 81,7 millions de repas qui ont été distribués par l'association.
Lors de cette 22e campagne, les Restos ont franchi la barre d'1 milliard de repas servis depuis leur création. […]
Au-delà de l'aide alimentaire, les Restos du cœur étendent leurs actions à l'aide de la personne et à l'insertion.
Car pour sortir durablement de l'exclusion, un repas ne suffit pas. Il faut aussi retrouver un emploi et avoir un toit.
La plus grande partie des ressources de l'association provient des donateurs et des concerts des *Enfoirés*[1].

Site Internet de l'association des Restos du cœur, http://www.restosducoeur.org.

1. Les concerts des *Enfoirés* sont assurés par des artistes bénévoles. Les sommes gagnées sont versées à l'association.

LES RESTAURANTS DU COEUR
LES RELAIS DU CŒUR

Logo de l'association.

Doc. 2

3. Calcule l'augmentation du nombre de repas distribués par l'association des Restos du cœur entre 1985 et 2007.

4. Comment expliques-tu cette évolution ?

5. Quelles sont les autres actions des Restos du cœur ? À quoi servent-elles ?

6. Comment les actions des Restos du cœur sont-elles financées ?

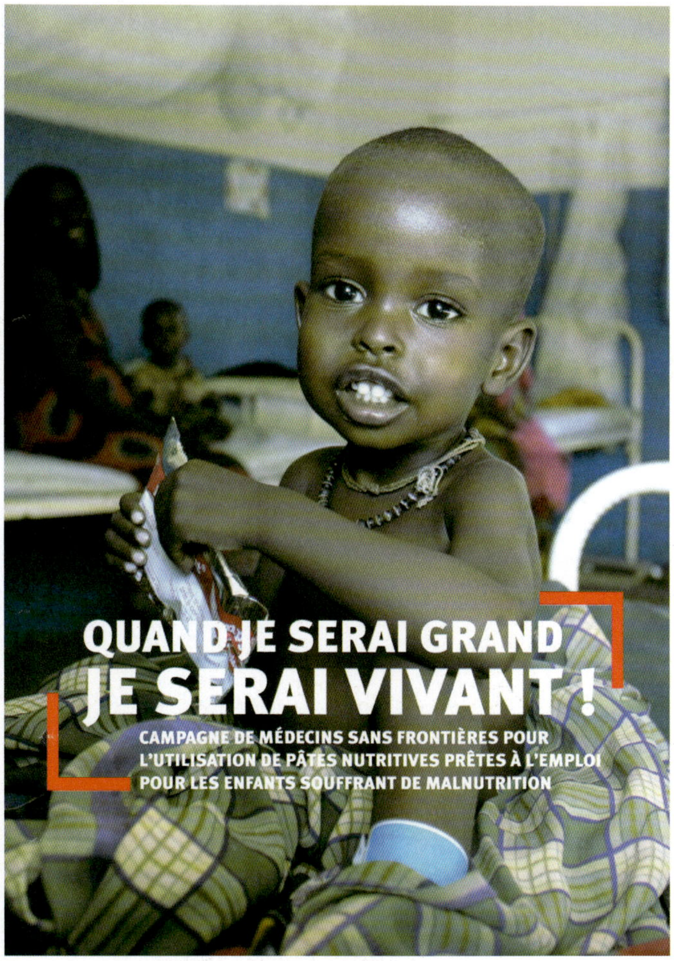

Doc. 3 Une action de solidarité collective à l'étranger (campagne de Médecins sans frontières sur la malnutrition, 2007). Des associations françaises aident des populations à l'étranger. Parmi elles, Médecins sans frontières (MSF) lutte contre la malnutrition qui tue chaque année des millions d'enfants dans les pays pauvres, surtout sur le continent africain.

7. Recherche le sens du mot « malnutrition ».

8. Comment comprends-tu le slogan de l'affiche ?

9. Qu'est-ce que chacun d'entre nous peut faire pour aider les enfants qui souffrent de la faim ?

10. Cherche d'autres associations qui mènent des actions de solidarité à l'étranger.

CARNET DE ROUTE

Des règles pour vivre ensemble

Nous devons respecter plusieurs sortes de règles :

– Les **règlements intérieurs**. Ils s'appliquent uniquement aux personnes qui occupent un lieu précis. Par exemple, le règlement intérieur de ton école ne concerne que les enfants et les adultes qui travaillent dans ce lieu.

– Les **règles de politesse**. Elles s'appliquent à tous et partout, et sont une marque de respect envers les autres (dire bonjour, merci, au revoir, nous excuser lorsque nous bousculons quelqu'un…).

– Les **lois de la République**. Elles s'appliquent à tous et partout. Elles protègent les personnes et les biens et elles punissent les auteurs d'**infractions**.

Toutes ces règles nous permettent de mieux vivre ensemble et nous invitent à respecter les différences : c'est la **tolérance**. Il s'agit, par exemple, de respecter la manière dont mon voisin s'exprime, s'habille, mange, occupe sa journée… à condition que ces actions ne soient pas dangereuses pour les autres. Selon l'article 4 de la *Déclaration des droits de l'homme et du citoyen* (1789), « la liberté consiste à pouvoir faire tout ce qui ne nuit pas aux autres ».

Le devoir de solidarité

Être solidaire, **c'est s'entraider et ne pas être indifférent aux autres** : cela rend la vie plus facile. La **solidarité** est un **devoir personnel** : aider une personne âgée à traverser la rue, donner les devoirs à un camarade malade, céder sa place dans un transport en commun…

La solidarité est aussi un **devoir collectif** : les **associations caritatives** secourent les personnes en détresse, en France et à l'étranger.

En étant solidaire, tu exprimes ta **fraternité**.

Comment faire pour

Les lois et les règlements garantissent le respect du droit à la sécurité. Pour vivre en sécurité, tu dois connaître les dangers et rester prudent(e).

NE PAS TOLÉRER LES JEUX DANGEREUX À L'ÉCOLE

« Foulard », « cravate », « tomate », « grenouille », « petit pont massacreur »… Les noms sont poétiques. Les jeux qu'ils désignent beaucoup moins. […] Il y aurait 90 variantes de ces défis, à base de coups ou de respiration coupée […]. 12 % des enfants interrogés cet été par TNS Sofres[1] admettent avoir déjà participé à l'un de ces jeux, soit parce qu'ils étaient « drôles » (46 %), soit « pour faire comme les autres » (59 %) et ne pas passer pour un nul ! Comment en parler aux enfants ? En leur expliquant simplement les dangers : « On ne touche pas à son cou, aucun copain n'a le droit non plus. Serrer le cou peut faire mourir parce qu'on a besoin de respirer pour vivre… », explique l'APEAS[2].

C. Proust, *Le Parisien*, 21 septembre 2007.

1. TNS Sofres : entreprise chargée de faire des enquêtes auprès des Français.
2. APEAS : Association de parents d'enfants accidentés par strangulation.

1. Pourquoi certains enfants participent-ils à des jeux dangereux ?

2. Que risquent-ils ?

3. Qui est chargé d'alerter les enfants sur les dangers de ces jeux ?

Doc. 1

Doc. 2 Être vigilant sur Internet (campagne de communication du ministère de l'Éducation nationale, 2005). L'usage d'Internet comporte des dangers. Tu dois rester vigilant(e) pour les éviter. L'opération « Sur la Toile, méfie-toi des pièges ! » récapitule les 10 règles de l'internaute prudent.

4. Comment Internet est-il représenté sur cette affiche ? À ton avis, pourquoi ?

5. À quels dangers es-tu exposé(e) sur Internet ?

6. Quelles règles dois-tu respecter pour être en sécurité sur Internet ?

vivre en sécurité ?

Doc. 3 Repérer les produits dangereux.
Les produits dangereux sont classés en plusieurs catégories : explosifs, toxiques, inflammables, corrosifs, dangereux pour l'environnement, nocifs/irritants… Lorsque tu vois l'un de ces logos sur un emballage, tu dois faire attention : ils sont là pour t'avertir des risques liés à l'utilisation du produit.

7. Pourquoi trouve-t-on ces logos sur certains emballages ?

8. Avec l'aide du texte, cherche à quel risque correspond chacun de ces logos.

9. Quelles précautions dois-tu prendre lorsque tu manipules un produit inflammable ?

10. Fais la liste de toutes les situations dangereuses que tu vois dans cette maison.

11. Pour chaque danger repéré, écris la règle de sécurité qu'il faudrait respecter.

Doc. 4 Être prudent à la maison.
Les accidents domestiques désignent tous les accidents qui surviennent à la maison. 300 enfants de moins de 10 ans meurent chaque année, victimes d'un accident domestique.

Comment être en sécurité

Source : D.S.C.R.

Doc. 1 Prendre conscience des dangers
(campagne d'affichage de la Sécurité routière, octobre 2007).

1. Décris cette affiche.

2. Qui a organisé cette campagne d'affichage ? À quoi le vois-tu sur l'affiche ?

3. Que veut-elle nous faire comprendre ?

La signalisation routière	
Les signaux de danger : triangulaires à bord rouge et à fond blanc	△
Les signaux d'interdiction : ronds à bord rouge	○
Les signaux d'indication : carrés bleu et blanc	■
Les signaux d'obligation : ronds bleu et blanc	●
Les signaux d'intersection et de priorité : formes diverses	⬣ ◇ ▽

Doc. 2 Bien connaître la signalisation routière.
La signalisation routière s'impose à toutes les personnes qui se déplacent : les piétons, les cyclistes, les motocyclistes et les automobilistes. Tu dois la respecter pour éviter les accidents.

4. Choisis un panneau de chaque type et explique ce qu'il signifie. Aide-toi du tableau.

sur la voie publique ?

Doc. 3
Respecter le Code de la route.
Le Code de la route regroupe toutes les règles de circulation sur la voie publique : les autoroutes, les routes, les rues et les trottoirs. Il doit être respecté par toutes les personnes qui se déplacent sur la voie publique.

5. À quoi sert le Code de la route ?

6. Repère sur ce dessin dix infractions au Code de la route.

Doc. 4 Respecter les règles de sécurité en voiture.
Le 8 juillet 2005, la Sécurité routière a organisé une séance de *crash-test*. L'objectif était de comparer les conséquences d'un choc pour les personnes assises à l'arrière selon qu'elles ont ou non attaché leur ceinture de sécurité.

7. Qu'est-ce qu'un « crash-test » ?

8. Décris cette photographie.

9. Que risque-t-on quand on n'attache pas sa ceinture de sécurité ?

Comment porter secours

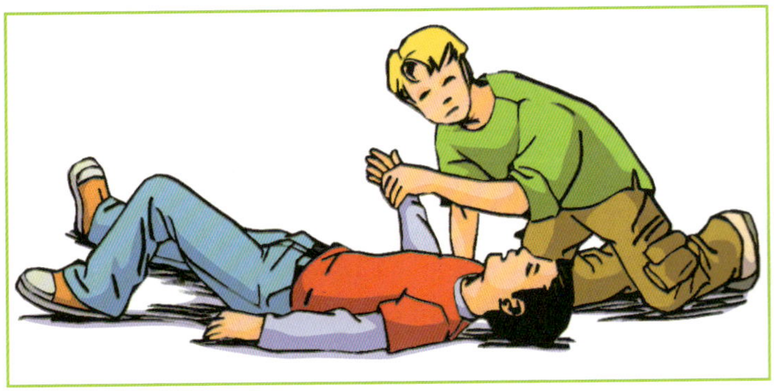

La personne saigne-t-elle ? Répond-elle aux questions ? De quoi se plaint-elle ? Si elle ne parle pas et qu'elle ne te serre pas la main quand tu le lui demandes, elle a perdu connaissance.

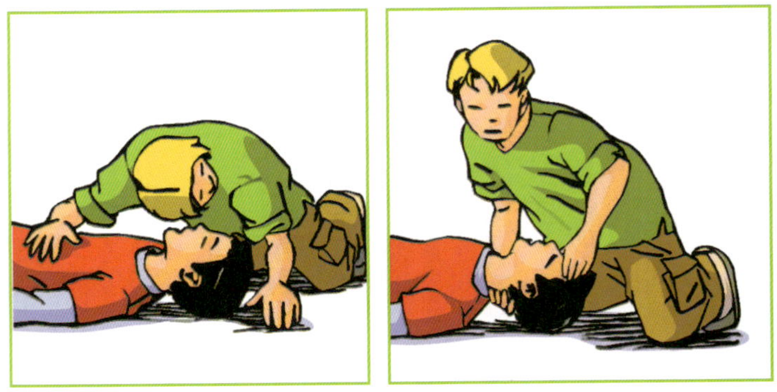

Respire-t-elle facilement ? Approche-toi de son visage pour sentir son souffle et vérifie que sa poitrine se soulève. Si elle a du mal à respirer, bascule sa tête en arrière.

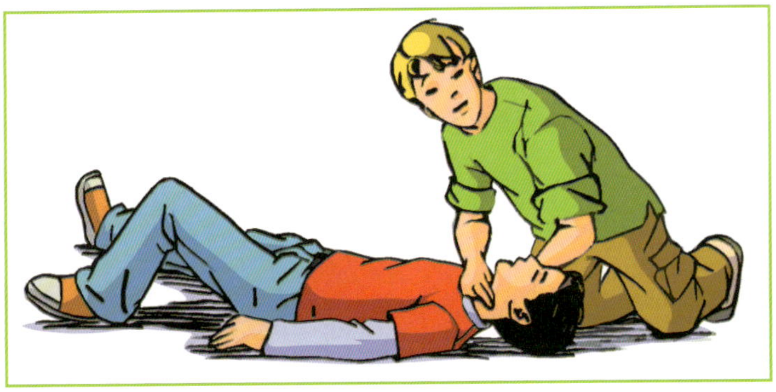

Vérifie si le cœur fonctionne en prenant le pouls de la personne : place ton index et ton majeur sur sa carotide sans appuyer. Si tu ne sens rien, c'est qu'elle est en arrêt cardiaque.

Si la personne ne respire pas mais que tu sens son pouls, il faut lui faire du bouche-à-bouche.

Si la personne ne respire pas et qu'il n'y a pas de pouls, il faut lui faire un massage cardiaque.

Si la personne est juste inconsciente mais qu'elle respire et a un pouls, il faut l'allonger sur le côté en la stabilisant avec la jambe du dessus et la couvrir. Ne lui donne pas à boire.

Doc. 1 Que faut-il faire en cas d'urgence médicale ?
Quand on se retrouve seul face à une urgence médicale, il faut appeler les secours. Mais on peut pratiquer quelques gestes pour aider la personne en détresse en attendant leur arrivée. Attention cependant ! ces gestes ne doivent pas être faits n'importe comment : ils nécessitent une formation préalable.

1. Que dois-tu faire pour savoir si la personne a perdu connaissance ?

2. Que dois-tu faire pour savoir si son cœur bat ?

à une personne ?

Doc. 2 Qui faut-il appeler en cas d'urgence ?
Pour chaque type d'urgence, il existe un service de secours spécialisé :
– les pompiers (18) pour les incendies, les accidents domestiques, les accidents de la route... ;
– la police (17) pour les agressions contre les personnes, les dégradations de biens, les accidents de la route... ;
– le SAMU (15) pour les personnes victimes d'accidents (de la route, du travail...).
Un numéro de téléphone unique a été choisi pour contacter les services de secours du pays de l'Union européenne dans lequel on se trouve : c'est le 112.

3. Qui porte secours aux personnes (Doc. 2) ?

4. Comment peux-tu contacter les services de secours ?

5. Si un(e) de tes ami(e)s est victime d'un accident domestique, quel service de secours dois-tu contacter ?

6. Si tu es témoin d'une agression, quel service de secours dois-tu appeler ?

7. Comment faire pour joindre les secours si tu te trouves dans un autre pays de l'Union européenne ?

CARNET DE ROUTE

Connaître les dangers

Tu dois connaître les dangers auxquels tu es exposé(e) pour mieux les éviter :
– les **dangers à la maison** (les plus fréquents) : tous les jours, 2 000 enfants de 0 à 6 ans sont victimes d'accidents domestiques (chutes, noyades, intoxications, électrocutions, brûlures...) ;
– les **dangers sur la voie publique** : en 2006, près de 8 000 enfants de moins de 15 ans ont été victimes d'accidents de la route ;
– les **jeux dangereux**, à l'école ou dans la rue ;
– les **mauvaises rencontres dans la rue et sur Internet** (agressions, vols...).

Respecter les règles de sécurité

Les règles de sécurité sont rappelées dans les lois et les règlements. Elles doivent être connues et respectées par tous. Par exemple, le **Code de la route** assure la sécurité des personnes qui circulent sur la voie publique.

L'apprentissage des règles de déplacement commence dès l'école primaire par la découverte des panneaux de signalisation et des équipements de sécurité (port de la ceinture en voiture, du casque à vélo et à moto...). Si tu ne respectes pas le Code de la route, tu te mets en danger, tu mets les autres en danger et tu commets une **infraction** qui est punie par la loi.

Savoir réagir en cas de danger

Si tu es témoin d'un accident, d'un incendie ou d'une agression, tu dois absolument prévenir un adulte ou appeler les services de secours : **pompiers**, **policiers** et **gendarmes**, médecins du **SAMU**. Le témoin qui n'appelle pas un service de secours se rend coupable d'un délit de non-assistance à personne en danger.

Tu dois aussi connaître des **gestes** simples pour pouvoir aider toi-même une personne en détresse. L'apprentissage de ces gestes nécessite une formation donnée par des professionnels.

Comment le respect

Toute personne a le droit d'être respectée. Ce droit a été défendu par Victor Schœlcher qui obtient l'abolition de l'esclavage dans les colonies françaises en 1848. Il a été réaffirmé par la Déclaration universelle des droits de l'homme en 1948.

Doc. 1 L'abolition de l'esclavage, le 27 avril 1848 (tableau de François-Auguste Biard).
Après la révolution de février 1848 et la proclamation de la République, le député Victor Schœlcher prépare le décret du 27 avril qui supprime l'esclavage et donne aux « nouveaux libres » les droits de citoyens.

1. Cherche ce qu'est l'esclavage.

2. Pourquoi ne respecte-t-il pas les personnes ?

3. Qui a fait abolir l'esclavage dans les colonies françaises ? En quelle année ?

4. Décris ce tableau.

LA DÉCLARATION UNIVERSELLE DES DROITS DE L'HOMME (1948)

La Seconde Guerre mondiale (1939-1945) et ses horreurs (camps de concentration, destruction des juifs d'Europe...) ont conduit l'Assemblée générale des Nations Unies à adopter cette déclaration.

ARTICLE 1 : Tous les êtres humains naissent libres et égaux en dignité et en droits. Ils sont doués de raison et de conscience et doivent agir les uns envers les autres dans un esprit de fraternité. [...]
ARTICLE 3 : Tout individu a droit à la vie, à la liberté et à la sûreté de sa personne.
ARTICLE 4 : [...] L'esclavage et la traite des esclaves sont interdits sous toutes leurs formes. [...]
ARTICLE 7 : Tous sont égaux devant la loi et ont droit sans distinction à une égale protection de la loi. [...]
ARTICLE 9 : Nul ne peut être arbitrairement arrêté, détenu ou exilé. [...]

5. D'après l'article 3, quels sont les droits de l'homme ?

6. Que signifie l'article 7 ?

7. À ton avis, pourquoi les Nations Unies ont-elles voté ce texte juste après la Seconde Guerre mondiale ?

Doc. 2

est-il devenu un droit ?

LA CONVENTION INTERNATIONALE SUR LES DROITS DE L'ENFANT (1989)

ARTICLE 1 : […] Un enfant s'entend de tout être humain âgé de moins de 18 ans. […]

ARTICLE 7 : L'enfant est enregistré aussitôt sa naissance et a dès celle-ci le droit à un nom, le droit d'acquérir une nationalité et, dans la mesure du possible, le droit de connaître ses parents et d'être élevé par eux […].

ARTICLE 19 : Les États […] prennent toutes les mesures […] pour protéger l'enfant contre toute forme de violence […].

ARTICLE 28 : Les États […] reconnaissent le droit de l'enfant à l'éducation […].

ARTICLE 32 : Les États […] reconnaissent le droit de l'enfant d'être protégé contre l'exploitation économique et de n'être astreint à aucun travail comportant des risques ou susceptible de compromettre son éducation […].

Doc. 3

8. Selon la convention, à partir de quel âge n'est-on plus un « enfant » ?

9. Quels sont les droits de l'enfant ?

Doc. 4 Le travail des enfants
(enfants transportant des briques, Colombie, Amérique du Sud).

10. Décris cette photographie.

11. De quels droits ces enfants sont-ils privés ?

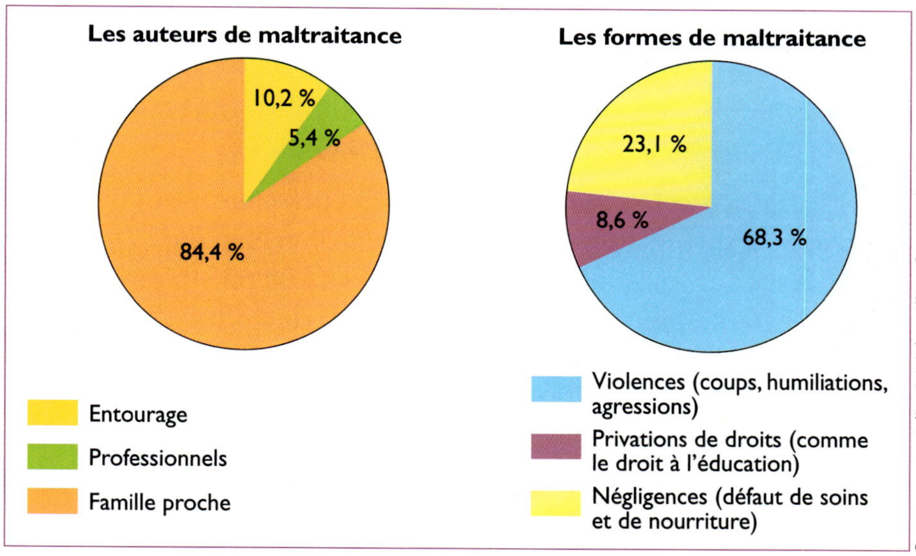

Source : rapport d'activité de « Allô enfance maltraitée », 2002.

Doc. 5 Allô enfance maltraitée : le 119.
La maltraitance désigne toutes les manières de faire du mal à une personne : coups, humiliations, privations de soins, de nourriture ou de droits…
En France, le 119 est un numéro de téléphone destiné aux enfants victimes de maltraitances et aux témoins de situations de maltraitance. C'est un service d'accueil téléphonique gratuit, accessible 24 h sur 24, tous les jours de l'année.

12. Quelle est la forme de maltraitance la plus répandue ?

13. Qui en est le plus souvent l'auteur ?

14. Quel numéro faut-il appeler lorsqu'on est témoin ou victime de maltraitances ?

15. Pourquoi est-il important d'en parler lorsqu'on est victime ou témoin de maltraitances ?

Comment lutter contre

Des droits pour les étrangers	Des droits pour les femmes	Des droits pour les handicapés
• Depuis 1945 : – droit de vivre sur le sol français sous certaines conditions ; – droit au travail dans les mêmes conditions que les travailleurs français ; – droit de demander la nationalité française. **• Depuis 1992 :** droit de vote aux élections municipales pour les ressortissants d'un pays de l'Union européenne.	**• Depuis 1944 :** droit de vote. **• Depuis 1965 :** droit d'exercer une profession sans l'accord de son mari. **• Depuis 1970 :** « l'autorité paternelle » devient « l'autorité parentale ». La mère et le père assurent à égalité la direction de la famille. **• Depuis 2006 :** la suppression des écarts de salaires entre les femmes et les hommes est prévue dans un délai de 5 ans.	**• Depuis 1975 :** – droit à l'éducation ; – droit à la protection (carte d'invalidité et aide sociale) ; – droit au travail.

Doc. 1 La loi protège l'égalité des personnes.

1. Quels droits les étrangers et les Français ont-ils en commun ?

2. Depuis quand les femmes ont-elles le droit de vote ?

LA LOI PUNIT LES DISCRIMINATIONS

Discriminer, c'est traiter différemment des personnes placées dans la même situation (recherche d'un emploi, d'un logement, accès à un lieu…) en utilisant un ou des motifs interdits par la loi (l'origine, le sexe, la religion, le handicap…).
Les discriminations ne respectent pas l'égalité entre les personnes, c'est pourquoi le Code pénal les punit (article 225-1).
Si une personne est discriminée, l'auteur de la discrimination risque trois ans d'emprisonnement et 45 000 € d'amende (article 225-2).

Doc. 2

3. Quelles sont les causes de discrimination les plus fréquentes ?

4. Dans quelles situations une personne peut-elle être discriminée ?

5. Quelles sanctions sont prévues par le Code pénal en cas de discrimination ?

Doc. 3 S'engager contre les discriminations (campagne de communication du MRAP).

6. Quelle discrimination est décrite sur cette affiche ?

7. Cherche ce qu'est le MRAP et quelle est son activité.

Doc. 4 Les inégalités de salaires entre les hommes et les femmes (chiffres de l'INSEE).
En France, les femmes sont souvent victimes de discrimination sexuelle : pour un même travail, leurs salaires sont généralement inférieurs à ceux des hommes.

Salaire annuel net moyen selon la catégorie professionnelle et le sexe (en euros)		
Catégorie professionnelle	**Femmes**	**Hommes**
Cadres (y compris chefs d'entreprise)	37 253	48 241
Professions intermédiaires	21 380	24 320
Employés	15 755	16 772
Ouvriers	14 537	17 290
Ensemble	**19 818**	**24 446**

8. Calcule l'écart de salaires entre les hommes et les femmes selon leur catégorie professionnelle.

9. Qu'est-ce qui explique ces écarts de salaires pour un même travail ? Est-ce juste ?

**LES HANDICAPÉS,
DES PERSONNES COMME LES AUTRES**

Dès l'âge de 3 ans, si leur famille en fait la demande, les enfants handicapés peuvent être scolarisés à l'école maternelle. En juin 2007, 111 000 élèves handicapés sont scolarisés à l'école élémentaire et 44 500 au collège et au lycée. L'effectif des élèves accueillis a progressé de plus de 16 % par rapport à 2004-2005. À partir de l'école élémentaire, l'intégration scolaire peut être individualisée ou collective.

Site Internet du ministère de l'Éducation nationale, http://www.education.gouv.fr.

Marie est malvoyante. Son maître écrit très gros au tableau pour qu'elle puisse lire.

Doc. 5

10. D'après ce texte, combien d'enfants handicapés sont scolarisés en France ?

11. Comment l'école peut-elle lutter contre les discriminations ? Aide-toi du dessin pour répondre.

Nombre d'heures de sommeil nécessaires selon notre âge pour rester en bonne forme.

Doc. 1 **Bien dormir.**

1. Calcule ton temps de sommeil moyen depuis une semaine. D'après le Doc. 1, as-tu dormi suffisamment ?

2. Pourquoi est-il important de bien dormir lorsqu'on est un enfant ?

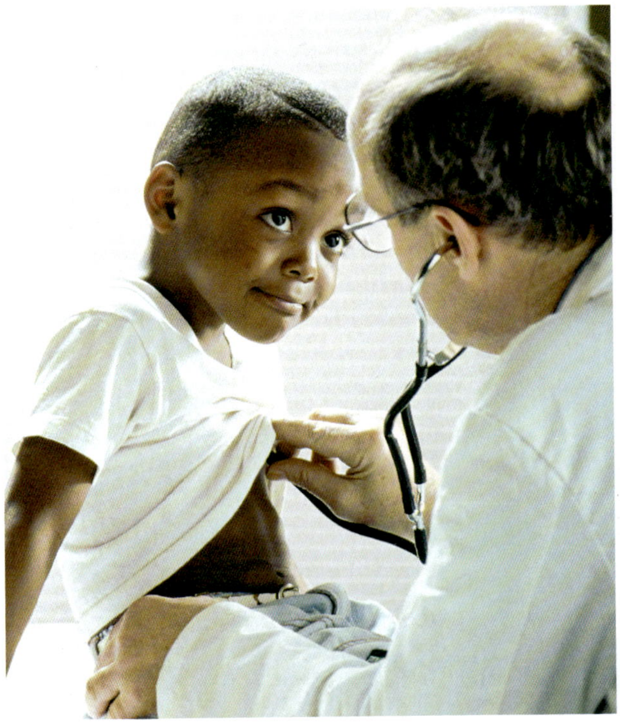

Doc. 2 **Surveiller sa santé** **(une visite médicale à l'école primaire).**
La première visite médicale obligatoire et individuelle à l'école intervient en grande section de maternelle ou au cours préparatoire (CP).

3. Quand la première visite médicale obligatoire a-t-elle lieu à l'école ? À quoi sert-elle ?

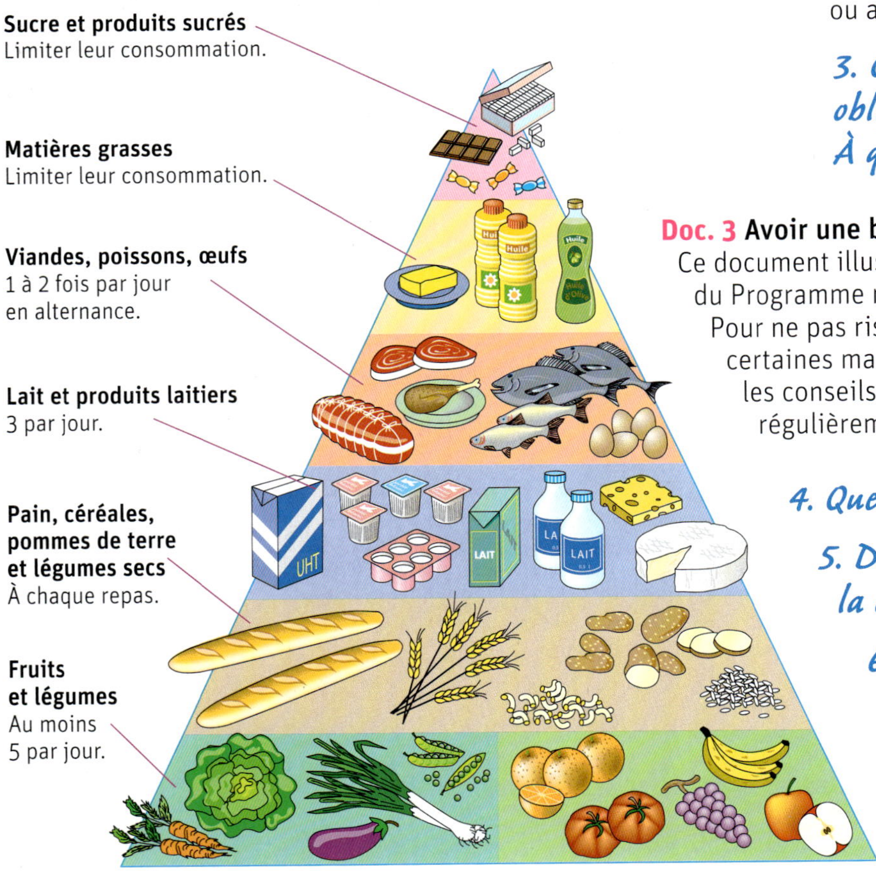

Doc. 3 **Avoir une bonne hygiène de vie.**
Ce document illustre les conseils alimentaires du Programme national nutrition-santé (PNNS). Pour ne pas risquer d'être obèse et de développer certaines maladies comme le diabète, tu dois suivre les conseils du PNNS : manger équilibré et faire régulièrement des exercices physiques.

4. Quels aliments faut-il consommer le plus ?

5. De quels aliments faut-il limiter la consommation ?

6. Quel est le repas le plus équilibré que tu as mangé cette semaine ? et le moins équilibré ?

7. Pourquoi est-il conseillé de faire des exercices physiques ?

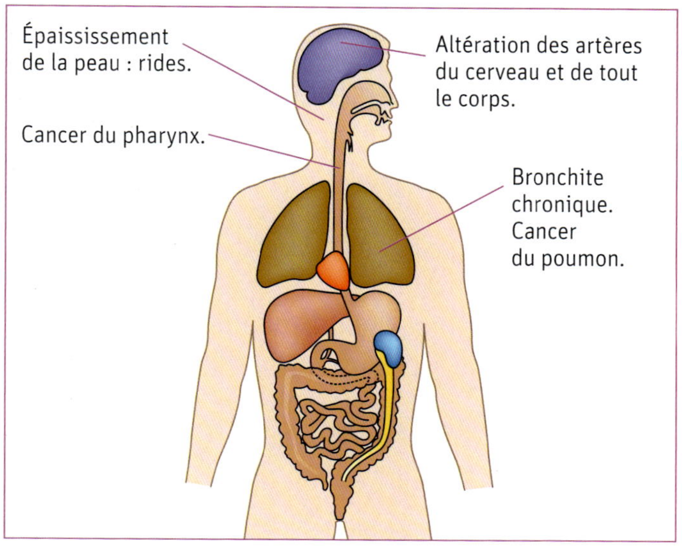

Doc. 4 Connaître les dangers du tabac.

Le tabac est la deuxième cause de mortalité dans le monde. Il est responsable du décès d'1 adulte sur 10 (soit environ 5 millions de morts par an).

8. Quelles maladies peuvent être provoquées par la consommation de tabac ?

Source : D.S.C.R.

Doc. 5 Connaître les dangers du cannabis et de l'alcool (affiche de la Sécurité routière, mai 2006).

9. Pourquoi est-il dangereux de conduire après avoir consommé du cannabis et/ou de l'alcool ?

10. As-tu le droit de consommer du cannabis ? de l'alcool ? Pourquoi ?

CARNET DE ROUTE

La dignité est un droit de l'homme

Nous sommes tous différents : nous avons des physiques, des comportements, des manières de vivre différents. Mais il ne faut ni voir la différence comme une infériorité ou une supériorité, ni rejeter une personne à cause de sa différence. Comment y parvenir ? En respectant toutes les personnes, tout simplement parce que nous avons, nous aussi, besoin d'être respectés.

La **dignité** est le respect que l'on doit à toutes les personnes. Qu'est-ce que le **respect** ? C'est le fait de reconnaître à toutes les personnes les mêmes droits et les mêmes devoirs que les miens. Cette reconnaissance a été progressive : *Déclaration universelle des droits de l'homme* (1948), *Convention internationale sur les droits de l'enfant* (1989)…

La loi protège contre les discriminations

En France, la **loi** organise la vie collective pour que toutes les personnes aient **les mêmes droits** : elle reconnaît à tous la même dignité. La loi interdit donc les **discriminations** :

– elle punit sévèrement tout acte raciste ou antisémite (contre les personnes de religion juive) ;

– elle fait en sorte que les hommes ne dominent pas les femmes ;

– elle garantit le droit au travail pour tous, notamment pour les personnes handicapées.

Qu'est-ce que « l'estime de soi » ?

Le respect que nous avons pour les autres, nous devons l'avoir aussi pour nous-mêmes : c'est ce qu'on appelle « l' **estime de soi** ». Nous devons refuser ce qui nous fait du mal (le tabac, l'alcool, la drogue…) et suivre des règles élémentaires d'**hygiène** (nous coucher tôt et dormir suffisamment ; avoir une alimentation équilibrée ; nous laver les mains et nous brosser les dents…).

À la manière de… un candidat

Je comprends le rôle d'un délégué

Il existe de nombreuses raisons d'organiser des élections dans une classe : choix des délégués de classe ou des délégués au conseil de coopérative, choix des représentants au conseil municipal d'enfants, etc.
Dans tous les cas, il s'agit de choisir un ou deux élèves qui représentent la classe, c'est-à-dire qui parlent et prennent des décisions au nom de tous les autres.
C'est une responsabilité importante qui demande de nombreuses qualités : savoir écouter les autres, savoir argumenter, être respectueux des règles et des opinions de chacun, faire passer les idées de la classe avant les siennes, prendre des initiatives, rendre compte…

J'observe le déroulement d'une élection démocratique

Une élection démocratique doit respecter certaines règles :
- il doit y avoir plusieurs candidats ;
- chaque candidat doit pouvoir se présenter et exposer ses idées aux autres élèves ;
- chaque élève a le droit de voter et compte pour une voix ;
- le vote doit se faire à bulletin secret (personne ne doit voir pour qui l'on vote) ;
- pour être élu au 1er tour, il faut obtenir la majorité absolue (la moitié des voix plus une). Si ce n'est pas le cas, on organise un 2e tour.

Je prépare un programme électoral et une affiche

C'est l'élection des délégués dans ta classe. Les candidats se sont déclarés. Vous allez à présent travailler par groupes sur le programme de l'un d'entre eux.
Attention ! vous ne pouvez pas faire des promesses impossibles à tenir ni demander des choses qui ne peuvent être modifiées que par la loi (comme changer les programmes ou la durée des vacances !).

Matériel nécessaire :

- Une feuille A4 pour le programme
- Une feuille A3 pour l'affiche
- Des stylos et des feutres de couleurs
- Des photographies pour illustrer l'affiche.

1. La rédaction du programme

- Sur ton cahier, établis la liste des qualités de ton candidat.
- Participe à l'élaboration de son programme : trouve 2 ou 3 idées d'actions qu'il pourrait proposer.
- Mets ensuite tes idées en commun avec les membres de ton groupe.
- Sur la feuille A4, décrivez les qualités qui lui seront utiles en tant que délégué. Expliquez en 2 ou 3 phrases comment il améliorera la vie de la classe.

2. La réalisation de l'affiche

- Réfléchissez à la mise en page des éléments pour que votre affiche soit lisible et attractive.
- Trouvez un slogan qui servira de titre.
- Choisissez des illustrations (photographies, images, dessins).
- N'hésitez pas à faire des essais au brouillon avant de réaliser l'affiche sur la feuille A3. Vous pouvez vous inspirer de l'affiche ci-dessus.

Comment la nation

Les rois capétiens du Moyen Âge et des Temps modernes ont créé la nation française : ils lui ont donné un territoire, la France ; une capitale, Paris ; un gouvernement et des lois communes, c'est-à-dire un État ; et une langue commune, le français.

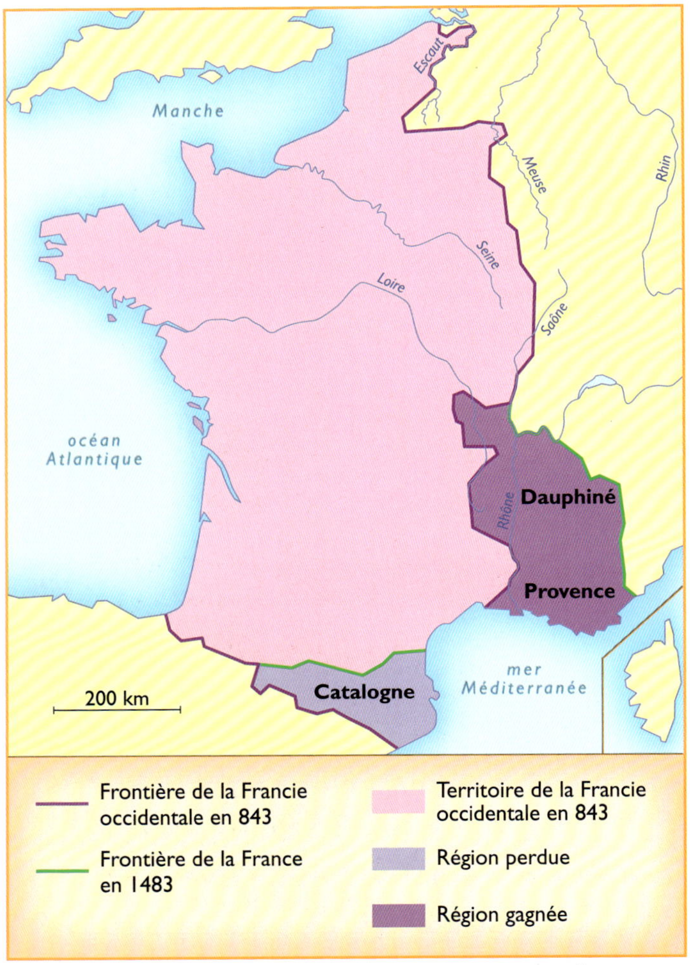

L'évolution du territoire français pendant le Moyen Âge (843-1483).

L'évolution du territoire français pendant les Temps modernes (1483-1789).

Doc. 1 La formation du territoire de la France entre 843 et 1789.

1. Observe la carte de gauche. Quelles sont les frontières naturelles de la Francie occidentale en 843 ?

2. Comment évolue le territoire de la France entre 843 et 1483 ? et entre 1483 et 1789 ?

3. À ton avis, comment les rois ont-ils agrandi le territoire français ?

4. Est-ce que le territoire français est définitivement formé en 1789 ? Aide-toi d'une carte de la France actuelle pour répondre.

française s'est-elle formée ?

Doc. 2 La France se trouve une capitale : Paris **(plan de la ville de Paris au XIIIe siècle).**
Jusqu'au XIIIe siècle, il n'y a pas vraiment de capitale. C'est le roi Philippe Auguste (1180-1223) qui va faire de Paris l'unique capitale de son royaume. Toutes les administrations royales et l'Université s'installent dans ce qu'on appelle alors le « cœur » ou la « tête » de la France.

5. Quel roi choisit Paris pour capitale ?

6. Observe le schéma. Quelles fonctions sont présentes dans la ville de Paris ?

7. Laquelle de ces fonctions fait-elle de Paris la capitale du royaume ?

Doc. 3 Le roi de France, chef d'État **(enluminure de Jean Fouquet, vers 1465).**
Pour gagner la guerre de Cent Ans contre les Anglais, le roi Charles VII (1422-1461) rend l'impôt obligatoire et lève une armée permanente. Charles VII est aussi un roi justicier : il préside ici le procès du duc d'Alençon, jugé pour trahison.

8. Où se trouve le roi sur cette enluminure ?

9. En quoi Charles VII est-il un chef d'État ?

LA FRANCE SE TROUVE UNE LANGUE COMMUNE

Entre le XVIe et le XVIIIe siècle, le *français* prend peu à peu le pas sur les autres langues régionales. [C'est l'État royal qui] commande ce mouvement. Dès 1539, l'administration royale substitue le *français*, c'est-à-dire le parler d'Île-de-France, au latin (ordonnance de Villers-Cotterêts). [...] En 1635, Richelieu charge l'Académie française du rôle de conservatoire[1] et de perfectionnement de la langue française. [...] La première édition de son *Dictionnaire* paraît en 1694.

D'après « Naissance de l'État moderne : France, XVIe-XVIIIe siècle », *La Documentation photographique*, n° 6069.

1. Fixer l'orthographe et le sens des mots.

Doc. 4

10. Quel parler régional devient la langue écrite officielle en France ? À quelle date ?

Que doit-on faire pour appartenir

Est français automatiquement à la naissance :	Peut devenir français :
– tout enfant dont l'un des parents au moins est français au moment de sa naissance (droit du sang) ; – tout enfant né en France lorsque l'un de ses parents au moins y est lui-même né (droit du sol).	– tout enfant né en France de parents étrangers acquiert la nationalité française à sa majorité si, à cette date, il habite en France et y a vécu au moins 5 ans depuis l'âge de 11 ans ; – tout étranger marié avec un(e) Français(e) depuis au moins 4 ans, qui en fait la demande. Il doit alors justifier d'une connaissance suffisante de la langue française ; – tout étranger majeur vivant en France depuis au moins 5 ans, qui fait une demande de naturalisation.

Doc. 1 Avoir la nationalité française.

1. Quel enfant est automatiquement français à sa naissance ?

2. Comment un enfant né en France de parents étrangers peut-il devenir français ?

3. Un étranger marié à une Française depuis 4 ans devient-il automatiquement français ? Pourquoi ?

Doc. 2 Justifier de sa nationalité française : la carte nationale d'identité (CNI).
La carte nationale d'identité est un document officiel qui permet à toute personne de prouver son identité et sa nationalité française. Elle donne le droit de voyager dans tous les pays de l'Union européenne. Pour les autres destinations, il faut un passeport. La carte nationale d'identité n'est pas obligatoire ; elle est gratuite et valable 10 ans.

4. Cherche deux éléments qui montrent que cette personne a la nationalité française.

5. À quoi sert la carte nationale d'identité ?

6. Quel droit cette carte donne-t-elle à la personne qui la possède ?

7. Cherche ce qu'il faut faire pour obtenir une carte nationale d'identité.

Doc. 3

PARTICIPER À LA DÉFENSE DE LA NATION

La loi du 28 octobre 1997 a créé un ensemble d'obligations s'adressant à tous les jeunes Français, garçons et filles. Cette réforme a institué un nouveau « service national » en instaurant un véritable « parcours de citoyenneté ». […] Son objectif est simple : susciter une prise de conscience collective des devoirs que tout citoyen a envers l'effort de défense nationale.

Votre participation, aujourd'hui, à la Défense nationale se traduit par les 3 étapes obligatoires du « parcours de citoyenneté » :

- l'enseignement de défense au collège (3e) et au lycée (1re) ;
- le recensement citoyen à 16 ans à la mairie de son domicile ;
- la JAPD[1].

Site Internet du ministère de la Défense : http://www.defense.gouv.fr.

1. Journée d'appel de préparation à la défense, que tous les garçons et filles doivent faire entre 16 et 18 ans.

Pendant la JAPD, les filles et les garçons testent leurs connaissances, apprennent les gestes de premiers secours et utilisent du matériel militaire. À la fin de la journée, un certificat leur est remis. Ce certificat est obligatoire pour s'inscrire aux examens, comme le baccalauréat ou le permis de conduire.

8. Qui doit participer à la défense de la nation ? Pourquoi est-ce un devoir ?

9. Quelles sont les trois étapes obligatoires du « parcours de citoyenneté » ?

10. Que se passe-t-il pendant la Journée d'appel de préparation à la défense ?

Doc. 4 Rendre la justice au nom du peuple français
(cour d'assises de Douai, mai 1991).
Chaque année, 20 000 Français âgés de plus de 23 ans sont tirés au sort sur les listes électorales pour siéger dans une cour d'assises. Les cours d'assises jugent les personnes accusées de crime(s) et de complicité de crime(s).

11. Quelles infractions sont jugées par les cours d'assises ?

12. Comment les jurés sont-ils désignés ?

13. Pourquoi leur responsabilité est-elle grande ?

14. Observe la photographie. Est-ce que cette audience est publique ? À quoi le vois-tu ?

Comment la nation protège-t-elle

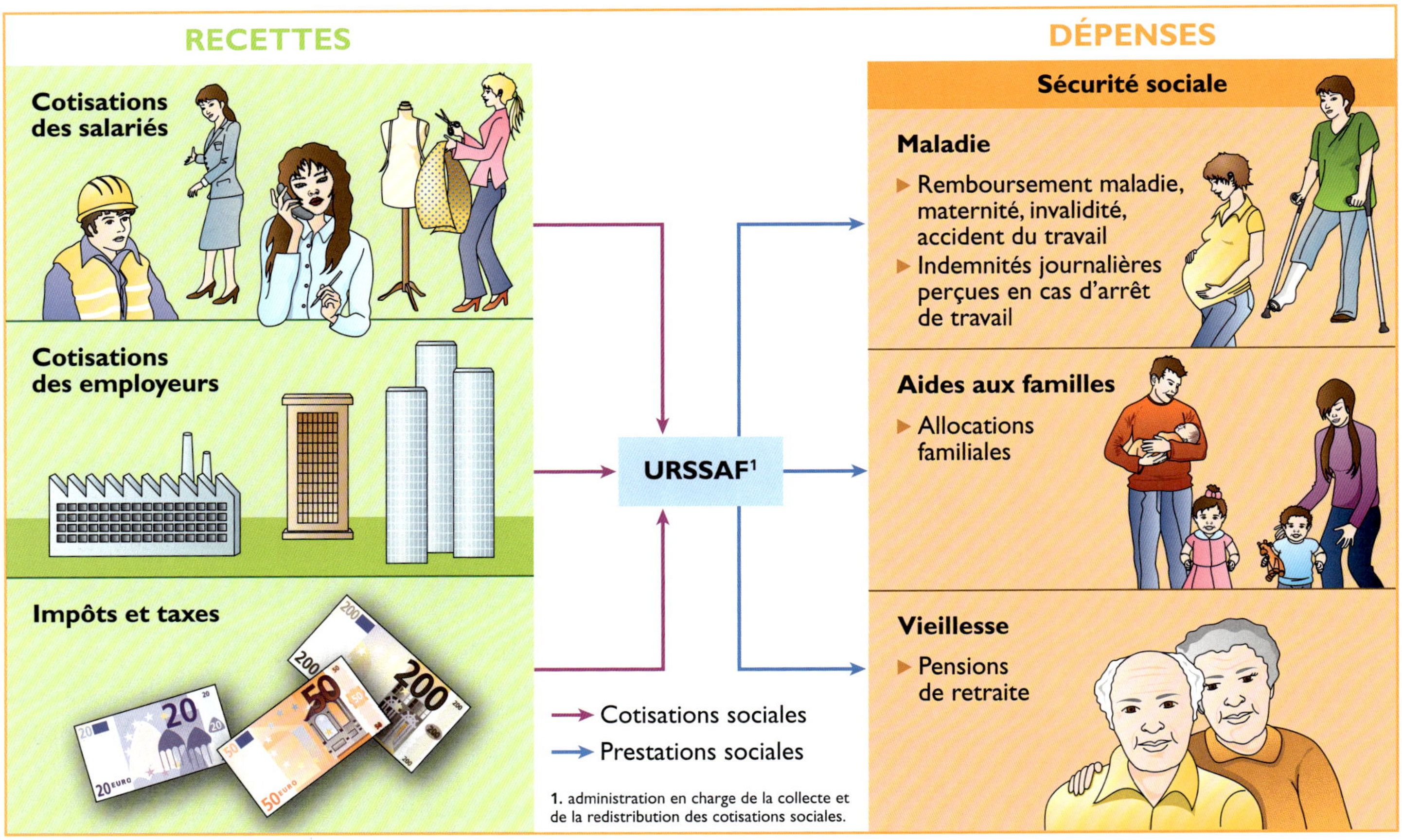

1. administration en charge de la collecte et de la redistribution des cotisations sociales.

Doc. 1 La Sécurité sociale protège les personnes depuis 1945.

1. D'où vient l'argent de l'URSSAF ?

2. À qui l'URSSAF verse-t-elle des prestations sociales ?

3. Pourquoi dit-on que le fonctionnement de la Sécurité sociale repose sur la solidarité entre les personnes et entre les générations ?

Un homme cherche un emploi à l'ANPE.

Doc. 2 L'allocation-chômage aide les personnes sans emploi.
L'allocation-chômage montre la solidarité de ceux qui travaillent envers les chômeurs. En effet, une partie des cotisations des salariés et des employeurs est versée aux chômeurs pour compenser la perte de leur salaire. Pour bénéficier de l'allocation-chômage, il faut remplir des conditions. Par exemple, avoir déjà travaillé, rechercher activement du travail, etc.

4. Que fait cette personne ?

5. Qui paie les allocations versées aux chômeurs ?

6. En quoi est-ce un système solidaire ?

LE REVENU MINIMUM D'INSERTION (RMI)

Article L. 262-1 : Toute personne résidant en France dont les ressources [...] n'atteignent pas le montant du revenu minimum défini à l'article L. 262-2, qui est âgée de plus de 25 ans ou assume la charge d'un ou plusieurs enfants [...] et qui s'engage à participer aux actions ou activités définies avec elle, nécessaires à son insertion sociale ou professionnelle, a droit [...] à un revenu minimum d'insertion. [...]

Article L. 262-4 : Le financement de l'allocation est à la charge de l'État.

Extraits du *Code de l'action sociale et des familles.*

Doc. 3

7. Quelles sont les conditions pour percevoir le RMI ?

8. Qui le finance ?

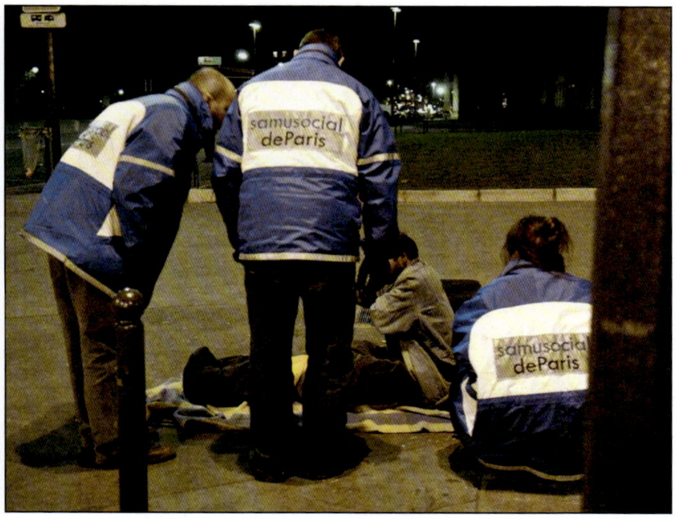

Doc. 4 Le SAMU social, une aide d'urgence.
Le SAMU social est présent aujourd'hui dans toutes les grandes villes de France. Ses équipes aident les « sans-domicile-fixe » qui le souhaitent : soins d'urgence, distribution de couverture et de vêtements chauds, orientation vers des centres d'hébergement.

9. Sur cette photographie, à qui le SAMU social apporte-t-il son aide ?

10. Comment le SAMU social aide-t-il les personnes en détresse ?

CARNET DE ROUTE

La formation de la nation française

Au Ve siècle, les Francs migrent en Gaule. Un de leurs rois, Clovis, prend le contrôle du pays.

Après son couronnement (800), l'empereur Charlemagne étend la domination des Francs sur presque toute l'Europe. En 843, son Empire est divisé entre ses petits-fils : le royaume situé à l'ouest, la Francie occidentale, portera le nom de « **France** » à partir du XIIIe siècle. Les rois capétiens agrandissent la France : ils lui donnent une **capitale** (Paris) ; un **État** (un gouvernement central) et une **langue commune** (le français).

L'appartenance à la nation française

Un enfant est automatiquement français à la naissance si l'un de ses parents au moins est français ; ou s'il est né en France et au moins un de ses parents aussi. Un étranger peut devenir français sur demande s'il remplit certaines conditions.

Tous les Français ont des **devoirs spécifiques** : ils participent, par exemple, à la défense du pays et à l'administration de la justice en tant que jurés.

La protection des personnes par la nation

En France, la protection sociale repose sur la **solidarité** entre les personnes et les générations. C'est l'État qui garantit cette solidarité.

Toute personne qui travaille est inscrite à la **Sécurité sociale** : elle est un **assuré social**. En échange du paiement d'une **cotisation**, l'assuré social est protégé contre des risques (la maladie, la vieillesse, les accidents du travail, etc.) qui peuvent le priver de ses revenus. La Sécurité sociale lui verse alors des **prestations** pour compenser cette perte. Les personnes privées d'emploi reçoivent une **allocation-chômage**, payée par les cotisations de ceux qui travaillent. Enfin, des minima sociaux, comme le **revenu minimum d'insertion** (RMI), sont versés aux personnes en grande détresse. Des aides d'urgence les secourent aussi. Par exemple, le **SAMU social** aide les « sans-domicile-fixe ».

Comment la République

La France a été gouvernée sans interruption par des rois pendant 1 300 ans, de Clovis à Louis XVI.
Elle devient une république le 22 septembre 1792.
La république est un régime politique opposé à la monarchie.

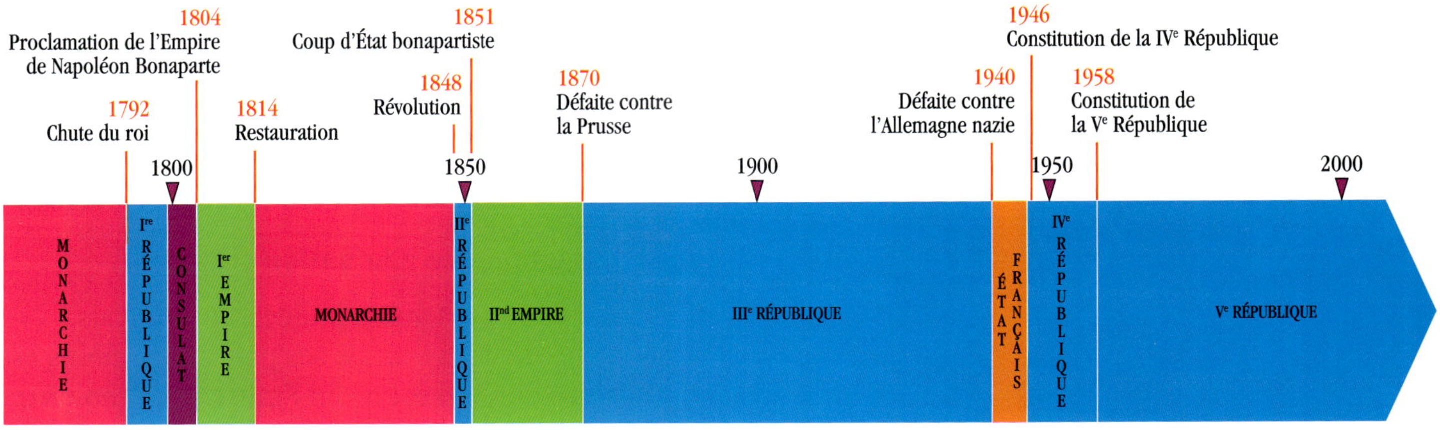

Doc. 1 De la Ire à la Ve République.

1. Quand commence la Ire République ? Combien d'années dure-t-elle ?

2. Combien de Républiques ont succédé à la Ire République ?

3. Quels autres régimes politiques la France a-t-elle connus depuis la Révolution française ?

4. Quand la république devient-elle définitivement le régime politique des Français ?

FAITES DE LA FRANCE UNE RÉPUBLIQUE

Ce texte est écrit pendant la Révolution française, lorsque la France est encore une monarchie. Les « Amis de la Constitution et de l'égalité » sont des républicains adversaires de la monarchie.

Aujourd'hui, les préjugés sont détruits, le peuple est éclairé, et son opinion vous permet, vous commande de la délivrer du mal des rois, du moment que ce mal n'est plus nécessaire. Saisissez l'occasion, vous n'en aurez jamais d'aussi belle. Faites de la France une République, cela ne vous sera pas difficile. [...] Nous nous bornons à vous demander que le Français n'ait plus désormais d'autre roi que lui-même.

Extrait de la pétition des Amis de la Constitution et de l'égalité de Montpellier à l'Assemblée nationale, 27 juin 1791.

Doc. 2

5. Que veulent les Amis de la Constitution et de l'égalité ?

6. De quel « mal » veulent-ils être délivrés ?

7. Cherche qui était le roi de France au moment où ce texte a été écrit.

s'est-elle imposée en France ?

LE SENTIMENT RÉPUBLICAIN

Roger Thabault raconte l'histoire du bourg dans lequel il est né, Mazières-en-Gâtine, en Vendée, dans l'Ouest de la France. Il évoque ici l'attachement de la population à la République dans les années 1880.

On était fiers de participer, par un vote, à la gestion des affaires de l'État qu'on connaissait mal, que le député connaissait mieux, que les ministres connaissaient bien ; on n'eût renoncé pour rien au monde à participer, par un vote et par des interventions quasi-permanentes auprès des conseillers municipaux, à la gestion des affaires communes de la commune. [...] Tous les ans, le 14 Juillet, par une grande cérémonie républicaine, était célébré dans la joie. Des jeux – au milieu desquels s'élevait un mât de cocagne – étaient installés sur la place publique. [...] Presque tous les enfants du bourg, de nombreux enfants de la campagne prenaient part aux jeux [...]. Et le soir, un banquet [...] ne réunissait pas moins de cent convives, dans la grande salle des fêtes de la mairie [...]. Un discours était prononcé où l'on parlait invariablement de la Bastille. Tout le monde applaudissait de confiance. Une retraite aux flambeaux, un immense feu de joie auprès duquel on chantait *La Marseillaise*, un bal public terminaient la fête. Ainsi s'entretenait le sentiment républicain.

Roger Thabault, *L'Ascension d'un peuple : mon village, ses hommes, ses routes, son école*, © éd. Delagrave, 1945.

Doc. 3

8. De quoi les habitants de Mazières-en-Gâtine sont-ils fiers (Doc. 3) ?

9. Pourquoi fêtent-ils le 14 Juillet ?

10. Qu'est-ce qui entretient le « sentiment républicain » ?

Doc. 4
Le Triomphe de la République
(gravure, 1875).
Le 4 septembre 1870, la République est proclamée à l'Hôtel de Ville de Paris. De très nombreuses images célèbrent cet événement. Sur cette gravure, la République est figurée en femme. Le flambeau du Progrès illumine sa marche triomphale.

11. Comment la République est-elle représentée ? Quels objets porte-t-elle ?

12. Quelles personnes sont à ses pieds ? Décris leur attitude. Qui est derrière elle ?

13. Que cherche à montrer cette gravure ?

Quels sont les symboles

Doc. 1 Fêter la République
(« La rue Montorgueil », tableau de Claude Monet, 1878).
Après la chute du Second Empire en 1870, la France redevient une république. Le peintre Claude Monet est le témoin de la joie républicaine qui anime les rues de Paris le 30 juin 1878, à l'occasion de l'Exposition Universelle.

1. Quel symbole républicain Claude Monet a-t-il peint dans ce tableau ?

2. Quelle impression est produite par la répétition de ce symbole ?

3. Cherche la signification des couleurs utilisées sur ce symbole.

Doc. 2 Marianne, effigie de la République
(buste décoré par Jean Cocteau, XXe siècle).
Marianne est la contraction de Marie-Anne, prénom de baptême le plus souvent donné à la fin du XVIIIe siècle, pendant la Révolution française. Aujourd'hui, une effigie de Marianne est présente dans chaque mairie de France.

4. Décris l'allure de Marianne.

5. Que porte-t-elle sur la tête ? Cherche le nom de ce vêtement et ce qu'il symbolise.

6. Que signifient les deux lettres « RF » gravées au pied du buste ?

Doc. 3 **La Marseillaise**
(extrait du « Petit Journal », 14 juillet 1912).
Le 20 avril 1792, l'Assemblée nationale déclare la guerre à l'Autriche. Cinq jours plus tard, l'officier Rouget de Lisle chante devant le maire de Strasbourg un chant qu'il a composé pour l'armée du Rhin. Ce « Chant de guerre de l'armée du Rhin » est d'abord adopté par des volontaires marseillais. Il deviendra notre hymne national, « La Marseillaise », en 1880.

7. Quand « La Marseillaise » a-t-elle été composée ?

8. Quand « La Marseillaise » est-elle devenue notre hymne national ?

9. Pourquoi la guerre est-elle aussi présente dans ce chant ?

Doc. 4 **La devise**
(façade de la mairie du XVIIIe arrondissement de Paris).

10. Quels éléments montrent que cette façade est celle d'un bâtiment public en France ?

11. Quelle est la devise de la République française inscrite sur le fronton de ce bâtiment ?

12. Observe la façade de la mairie de ta commune. Retrouves-tu les mêmes éléments ?

Quels sont les principes de

Doc. 1 Une république démocratique
(« Le Suffrage universel : un bureau de vote en 1891 », tableau d'Alfred Bramtot).

1. Quel droit est exercé par les personnes peintes sur ce tableau ?

2. Quels symboles de la République décorent la salle ?

3. Comment appelle-t-on la boîte posée sur la table ? À quoi sert-elle ?

4. Pourquoi n'y a-t-il pas de femmes ?

Doc. 2 Le maître et son élève
(tableau de Claude Lefebvre, XVIIe siècle).
Sous l'Ancien Régime, les écoliers apprennent à lire et à écrire dans des livres religieux, comme la Bible. Le curé de la paroisse, au village ou à la ville, est aussi le maître d'école.

5. Qui est le maître d'école de cet enfant ?

6. Quelle tenue porte-t-il ?

UNE ÉCOLE LAÏQUE

Article L. 141-5 (loi du 30 octobre 1886) : Dans les établissements [...] publics, l'enseignement est exclusivement confié à un personnel laïque.

Article L. 141-4 (loi du 9 décembre 1905, art. 30) : L'enseignement religieux ne peut être donné aux enfants inscrits dans les écoles publiques qu'en dehors des heures de classe.

Article L. 14-5-1 : Dans les écoles, les collèges et les lycées publics, le port de signes ou tenues par lesquels les élèves manifestent ostensiblement une appartenance religieuse est interdit.

Extraits du Code de l'éducation, *Journal officiel de la République française* du 22 juin 2000.

Doc. 3

7. Qu'est-ce qu'un élève ne peut pas porter sur lui dans une école publique ? Pourquoi ?

8. Le curé représenté sur le tableau du Doc. 2 pourrait-il enseigner dans une école publique ? Pourquoi ?

la République ?

Doc. 4 Une classe en 1910.

9. Quelles ressemblances et quelles différences observes-tu entre cette salle de classe et la tienne ?

UNE RÉPUBLIQUE SOCIALE

La loi garantit à la femme, dans tous les domaines, des droits égaux à ceux de l'homme. [...] Chacun a le devoir de travailler et le droit d'obtenir un emploi. Nul ne peut être lésé, dans son travail ou son emploi, en raison de ses origines, de ses opinions ou de ses croyances. [...] La Nation assure à l'individu et à la famille les conditions nécessaires à leur développement. Elle garantit à tous, notamment à l'enfant, à la mère et aux vieux travailleurs, la protection de la santé, la sécurité matérielle, le repos et les loisirs. Tout être humain qui, en raison de son âge, de son état physique ou mental, de la situation économique, se trouve dans l'incapacité de travailler a le droit d'obtenir de la collectivité des moyens convenables d'existence.

Extrait du préambule de la Constitution de 1946.

Doc. 5

10. Quelle égalité est garantie par la Constitution de 1946 ?

11. Comment la nation protège-t-elle les personnes les plus faibles ?

CARNET DE ROUTE

La difficile installation de la République

En France, la république est d'abord un **régime politique, opposé à la monarchie**. Elle est pour la première fois instaurée pendant la Révolution française, le 22 septembre 1792. Ce régime repose sur la **souveraineté du peuple** et l'**égalité des citoyens devant la loi**. Il est abattu deux fois par les coups d'État bonapartistes, en 1799 et en 1851. Il devient définitivement le régime politique des Français le 4 septembre 1870, malgré une interruption pendant la Seconde Guerre mondiale, entre 1940 et 1944.

La République a ses symboles : un **drapeau** (bleu-blanc-rouge), une **effigie** (Marianne), un **hymne national** (*La Marseillaise*), une **devise** (Liberté-Égalité-Fraternité).

Les principes de la République

La France est une république :

– **indivisible :** la République a unifié notre territoire en faisant appliquer partout la même langue, les mêmes lois, la même monnaie, les mêmes unités de mesure...

– **laïque :** la République s'est affirmée historiquement contre le pouvoir de l'Église catholique. Deux grandes décisions établissent la **laïcité** : les lois scolaires des années 1880 et la loi de séparation des Églises et de l'État de 1905. La laïcité garantit la liberté de conscience, qui permet à chacun de croire ou de ne pas croire. Elle proclame l'égalité entre les citoyens quelle que soit leur croyance.

– **démocratique :** la **République** repose sur le **suffrage universel** et sur des droits égaux entre tous les citoyens, quels que soient leur sexe, leur religion et leur origine.

– **Sociale :** la République assure l'école gratuite, la sécurité et la solidarité des citoyens par des aides qui ont été progressivement instituées (**impôt sur le revenu**, Sécurité sociale, revenu minimum d'insertion, minimum vieillesse, allocation adulte handicapé...).

Quels sont les droits et les

Est citoyen français celui qui possède la nationalité française et qui jouit des droits qui s'y rapportent. En échange du respect de leurs droits, les citoyens ont des devoirs.

LA DÉCLARATION DES DROITS DE L'HOMME ET DU CITOYEN

Avant la Révolution de 1789, il n'y avait pas d'égalité entre les sujets du roi. La Déclaration des droits de l'homme et du citoyen *a donné à tous les Français les mêmes droits.*

Article 1 : Les hommes naissent et demeurent libres et égaux en droits. […]

Article 2 : […] Ces droits sont la liberté, la propriété, la sûreté et la résistance à l'oppression. […]

Article 4 : La liberté consiste à pouvoir faire tout ce qui ne nuit pas à autrui. […]

Article 6 : La loi est l'expression de la volonté générale. Tous les citoyens ont droit de participer personnellement ou par leurs représentants à sa formation.

Article 7 : Nul homme ne peut être accusé, arrêté ni détenu que dans les cas prévus par la loi. […]

Article 10 : Nul ne doit être inquiété pour ses opinions, même religieuses, du moment qu'elles ne troublent pas l'ordre public établi par la loi.

Article 11 : La libre communication des pensées et des opinions est un des droits les plus précieux de l'homme ; tout citoyen peut donc parler, écrire, imprimer librement, sauf s'il abuse de cette liberté dans les cas déterminés par la loi. […]

D'après la *Déclaration des droits de l'homme et du citoyen*, 26 août 1789.

Doc. 1

1. Qu'est-ce qui change pour les Français à partir du 26 août 1789 ?

2. D'après l'article 2, quels sont les droits de l'homme ?

3. Dans l'article 4, quelle est la définition de la liberté ?

4. Quelles sont les limites des libertés fondamentales définies dans les articles 7, 10 et 11 ?

5. Que signifie « La loi est l'expression de la volonté générale » (article 6) ?

Droits civiques	Devoirs civiques
• Voter • Être éligible • Exercer une fonction juridictionnelle (juge…) • Représenter ou assister quelqu'un devant la justice (avocat…) • Témoigner en justice	• Respecter les lois • Être fraternel • Participer à la dépense publique en payant ses impôts • Participer à la défense de la nation

Doc. 2 Les droits et les devoirs civiques.
Un enfant ayant la nationalité française ne devient citoyen français qu'à partir de 18 ans, lorsqu'il devient majeur. Il obtient alors des droits. En échange de ces droits, il doit respecter des devoirs. S'il ne le fait pas, certains de ses droits peuvent lui être retirés par décision de justice.

6. Quand devient-on citoyen français ?

7. Quels droits cela donne-t-il ? Quels devoirs doit-on respecter en échange ?

8. Que risque un citoyen qui ne respecte pas ces devoirs ?

devoirs du citoyen français ?

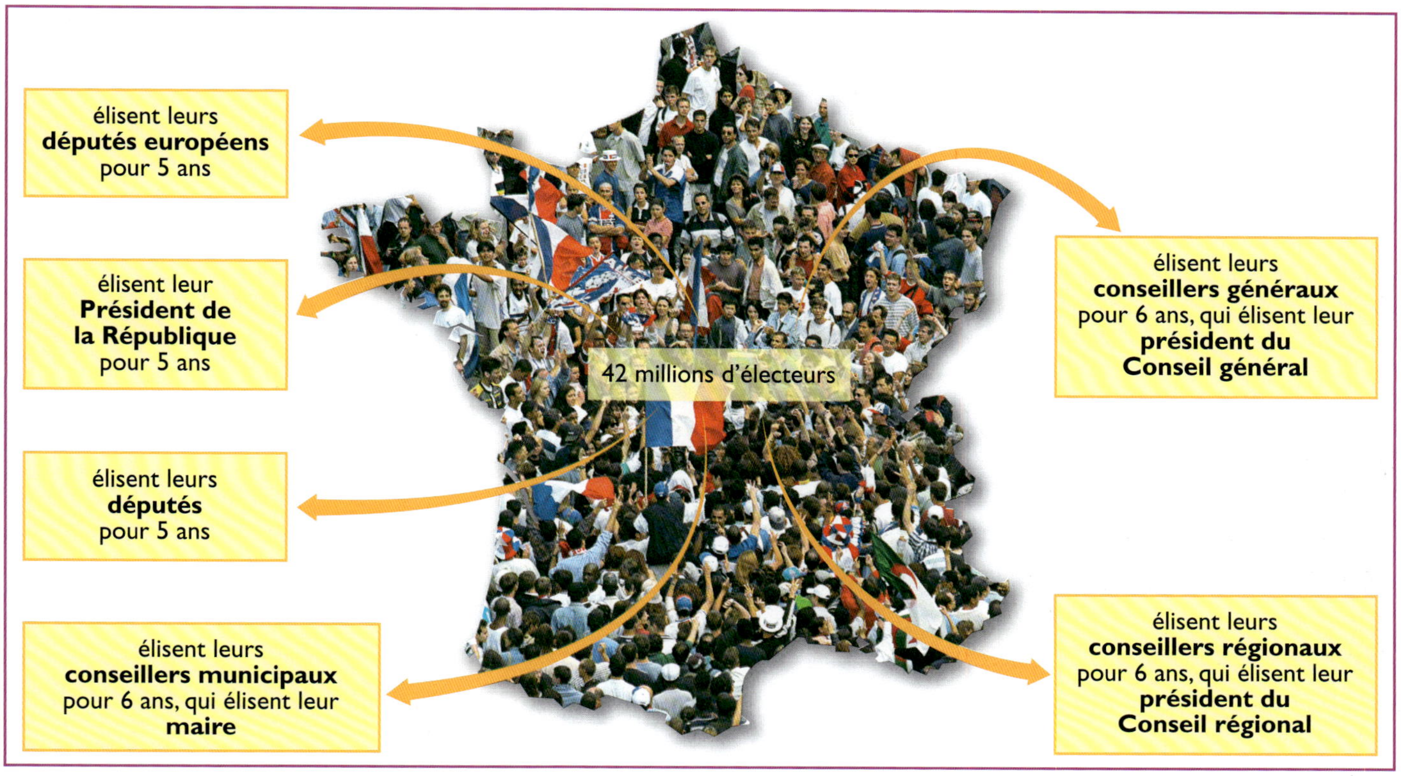

Doc. 3 Voter : un droit et un devoir civiques.

9. Qui sont les électeurs (Doc. 3) ?

10. Pourquoi tous les représentants du peuple français sont-ils élus pour une durée limitée ?

11. Pourquoi dit-on que voter est un devoir ?

Doc. 4 Payer des impôts : un devoir civique.

Grâce à l'argent des impôts, l'État fait fonctionner les services publics : il bâtit des hôpitaux et des tribunaux, paie les fonctionnaires… Il existe différents types d'impôts : certains sont payés par tous de la même manière, d'autres, comme l'impôt sur le revenu, augmentent quand les revenus déclarés augmentent.

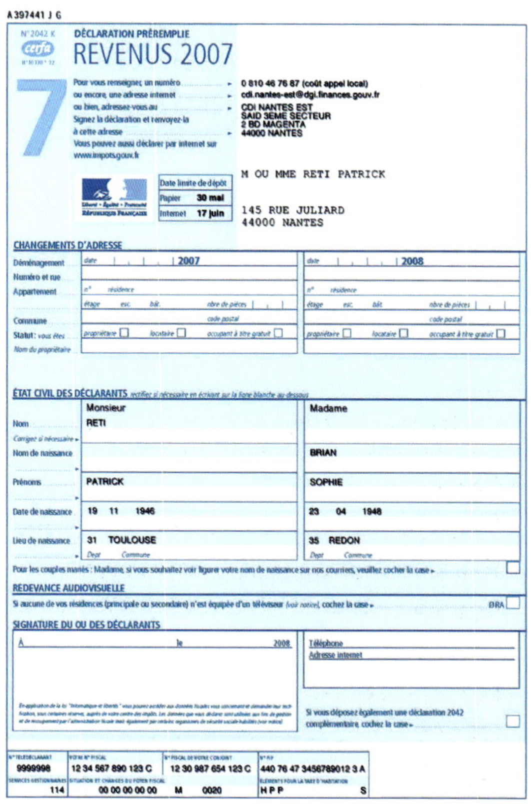

A 397441 J G

N° 2042 K

DÉCLARATION PRÉREMPLIE

REVENUS 2007

7

Pour vous renseigner, un numéro ► 0 810 46 76 87 (coût appel local)

ou encore, une adresse internet ► cdi.nantes-est@dgi.finances.gouv.fr

ou bien, adressez-vous au ► CDI NANTES EST SAID 3EME SECTEUR 2 BD MAGENTA 44000 NANTES

Signez la déclaration et renvoyez-la à cette adresse ►

Vous pouvez aussi déclarer par internet sur www.impots.gouv.fr

Liberté • Égalité • Fraternité RÉPUBLIQUE FRANÇAISE

Date limite de dépôt	
Papier	30 mai
Internet	17 juin

M OU MME RETI PATRICK

145 RUE JULIARD
44000 NANTES

CHANGEMENTS D'ADRESSE

Déménagement	date 2007	date 2008
Numéro et rue		
Appartement	n° résidence	n° résidence
	étage esc. bât. nbre de pièces	étage esc. bât. nbre de pièces
Commune	code postal	code postal
Statut : vous êtes	propriétaire ☐ locataire ☐ occupant à titre gratuit ☐	propriétaire ☐ locataire ☐ occupant à titre gratuit ☐
Nom du propriétaire		

ÉTAT CIVIL DES DÉCLARANTS rectifiez si nécessaire en écrivant sur la ligne blanche au-dessous

	Monsieur	Madame
Nom	RETI	
Corrigez si nécessaire ►		
Nom de naissance		BRIAN
Prénoms	PATRICK	SOPHIE
Date de naissance	19 11 1946	23 04 1948
Lieu de naissance	31 TOULOUSE (Dept Commune)	35 REDON (Dept Commune)

Pour les couples mariés : Madame, si vous souhaitez voir figurer votre nom de naissance sur nos courriers, veuillez cocher la case ► ☐

RÉDEVANCE AUDIOVISUELLE

Si aucune de vos résidences (principale ou secondaire) n'est équipée d'un téléviseur (voir notice), cochez la case ► ØRA ☐

SIGNATURE DU OU DES DÉCLARANTS

À … le … 2008

Téléphone

Adresse internet

Si vous déposez également une déclaration 2042 complémentaire, cochez la case ► ☐

N° TÉLÉDÉCLARANT	VOTRE N° FISCAL	N° FISCAL DE VOTRE CONJOINT	N° FIP
9999998	12 34 567 890 123 C	12 30 987 654 123 C	440 76 47 3456789012 3 A
SERVICES GESTIONNAIRES	SITUATION ET CHARGES DU FOYER FISCAL		ÉLÉMENTS POUR LA TAXE D'HABITATION
114	00 00 00 00 00	M 0020	H P P S

Une feuille de déclaration d'impôt sur le revenu.

12. Comment ce document s'appelle-t-il ? À quoi sert-il ?

13. Pourquoi l'impôt sur le revenu n'est-il pas le même pour tous ?

14. Pourquoi est-ce important de payer des impôts ?

Doc. 1 S'inscrire sur les listes électorales (campagne publicitaire du CIDEM, association « Civisme et Démocratie », décembre 2006).

1. Quel document officiel est reproduit sur cette affiche ? Décris-le.

2. Quel est l'objectif de cette campagne du CIDEM ?

3. Que doit-on faire avant son dix-huitième anniversaire pour avoir le droit de voter ?

Doc. 2 Choisir son représentant parmi des candidats (affiches électorales officielles de l'élection présidentielle de 2007).

Selon l'article 4 de la Constitution de 1958 : « Les partis politiques concourent à l'expression du suffrage. Ils se forment et exercent leur activité librement. Ils doivent respecter les principes de la souveraineté nationale et de la démocratie. »

4. D'après toi, à quoi servent les partis politiques ?

5. Pourquoi est-il indispensable qu'il y ait plusieurs candidats pour une élection ?

6. Quel candidat les électeurs ont-ils choisi comme président de la République en 2007 ? À quel parti appartenait-il ?

7. Cherche les conditions pour être candidat(e) à l'élection présidentielle en France.

choisissent-ils leurs représentants ?

Doc. 3 S'informer pour se former une opinion raisonnable. Voici les « Unes » de deux grands journaux français juste avant l'élection présidentielle de 2007.

8. Quelle personne occupe ces deux Unes ?

9. Est-ce que ces deux Unes présentent cette personne de la même manière ? Pourquoi ?

10. Comment les journaux aident-ils les citoyens à se former une opinion ?

MERCREDI 18 AVRIL 2007 • PREMIERE EDITION N° 8070 • WWW.LIBERATION.FR

cinéma Sexe et Tiananmen: le film que les Chinois ne verront pas cahier central

Libération

L'inquiétant Monsieur Sarkozy

Malgré ses efforts, le candidat UMP ne parvient pas à corriger son image d'agité, qui gêne son propre camp. Page 2

Virginie, retour sur un massacre

Au lendemain de la tuerie qui a fait 33 morts, les Etats-Unis découvrent le visage du meurtrier et s'interrogent sur la vente libre des armes. Page 4

ECO-TERRE
Les Smoby repris mais désabusés P.17

SPORTS
Lyon, à une marche des six titres P.20

REBONDS
La drogue, oubliée de la campagne P.23
par les Drs Michel Hautefeuille et Marc Valleur

CULTURE
Rock: les femmes s'en mêlent, dix ans de festival P.25

Grand angle
L'ordinaire des CRS

C'est une nuit tiède et orange comme la lumière des lampadaires en Seine-Saint-Denis. L'avenue où stationne le car de CRS est silencieuse. Ils sont une poignée d'hommes en bleu à qui Marc Gautron, 51 ans, trente et un ans de CRS, est venu rendre visite. Rapports avec les jeunes, pression des résultats, manque de formation... Durant une soirée ordinaire, des CRS ont échangé avec ce syndicaliste venu prendre le pouls des troupes. Lire page 30

1,10 €

LE FIGARO

Tous les résultats sur lefigaro.fr
Ma commune

Sarkozy à la gauche : « Pourquoi tant de haine ? »

Hier à Dijon, le candidat a déclaré vouloir désamorcer le piège du « tout sauf Sarkozy » ouvert dimanche soir par la gauche.

NOS REPRISES ATTIRENT TOUS LES SUFFRAGES
3.500 € TTC
3.000 € TTC
2.000 € TTC

11. Cherche quels documents un électeur doit présenter le jour d'une élection.

12. Pourquoi la personne s'isole-t-elle avant de glisser son enveloppe dans l'urne ?

13. En quoi cette élection est-elle démocratique ?

Doc. 4 Voter librement.

Comment les citoyens s'engagent-ils

ADMINISTRER SA COMMUNE, MÊME QUAND ON EST UN ENFANT

Le premier conseil municipal des enfants a été élu en 1990 dans la commune de Guyancourt (région parisienne). Depuis, cette initiative a été imitée dans de nombreuses communes en France...

Le conseil municipal des enfants est composé de 35 élus, comme le conseil municipal des adultes. On dénombre 19 filles pour 16 garçons, âgés de 9 à 13 ans.

Ils sont élus en classe de CM1, CM2, 6e et 5e, pour 2 ans. […] Les enfants qui veulent se présenter doivent déposer une profession de foi[1], afin de valider leur candidature. Ils doivent habiter et être scolarisés à Guyancourt. Pendant leur campagne électorale, leurs affiches, portant leur projet, sont affichées dans les établissements scolaires afin que les électeurs puissent choisir leur candidat. […]

Les réunions se font en mairie dans les mêmes salles de réunions que les adultes […]. 4 500 € sont attribués au conseil en investissement et 7 600 € en fonctionnement. […]

Les conseillers sont les représentants des jeunes de la ville et, de ce fait, doivent leur rendre des comptes de l'avancée de leurs projets, au travers de « flash infos » et d'interventions dans les classes. »

Site Internet de la ville de Guyancourt, www.ville-guyancourt.fr.

1. Profession de foi : promesses du candidat.

Conseil municipal des enfants de la ville de Dijon.

Doc. 1

1. Quelles sont les conditions pour être éligible au conseil municipal des enfants ?

2. De qui ces conseillers sont-ils les représentants ?

3. Montre que les enfants élus sont de vrais représentants, comme les adultes élus au conseil municipal.

4. Ont-ils les mêmes pouvoirs que les adultes ?

Doc. 2 S'exprimer collectivement (manifestation à Roubaix contre la fermeture de sites industriels, 2004).

Les citoyens peuvent participer à l'évolution de la société, par exemple en s'engageant dans des syndicats, des associations ou des partis politiques. Ils ont également le droit de s'exprimer par des manifestations, à condition qu'elles respectent l'ordre public et que leurs revendications ne soient pas contraires à la loi.

5. Comment appelle-t-on ce genre de rassemblement sur la voie publique ?

6. Quels syndicats ont organisé ce rassemblement ?

7. Pourquoi ces personnes se sont-elles rassemblées ?

Doc. 3 Protéger son cadre de vie (campagne d'affichage de l'Agence de l'environnement et de la maîtrise de l'énergie).

8. Quelle est la quantité moyenne de déchets par personne et par an en France ?

9. Calcule la quantité de déchets produits par ta famille en 1 an. En 10 ans.

10. Quel est le problème posé par la quantité de déchets produits ?

11. Trouve trois gestes simples pour réduire tes déchets et ceux de ta commune.

12. En quoi est-ce une action citoyenne ?

13. Quelles autres actions peux-tu mener pour protéger ton cadre de vie ?

CARNET DE ROUTE

Les droits du citoyen

Depuis la **Révolution de 1789** et la *Déclaration des droits de l'homme et du citoyen*, est **citoyen** français celui qui possède la nationalité française et qui jouit des droits qui s'y rapportent. Ces droits sont reconnus par la **Constitution** de 1958.
Ce sont :

– Les **droits civils**. Ils protègent la liberté de la personne : liberté d'expression, de circulation, de croire ou de ne pas croire, d'être présumé innocent, d'être traité par la justice selon une loi égale pour tous...

– Les **droits civiques**. Ils autorisent les citoyens à participer au pouvoir (le droit d'éligibilité et le droit de vote). Seuls les Français majeurs peuvent les exercer pleinement.

Les devoirs du citoyen

En échange du respect de leurs droits, les citoyens français ont des **devoirs** : l'obligation de respecter la loi et les autres citoyens (fraternité), de payer l'impôt en fonction de leurs revenus et de participer à la défense de leur pays. Si un citoyen ne respecte pas ces devoirs, ses droits civiques peuvent lui être retirés par décision de justice.

L'engagement citoyen

La citoyenneté se définit aussi comme la **participation** de la personne à la **vie publique**. Par exemple, tu peux être élu(e) dans un conseil municipal des enfants même si tu n'es pas français(e). Tu as le droit et le devoir de t'informer. Tu peux ainsi comprendre ce qui se passe autour de toi et te faire ta propre opinion. Plus tard, tu pourras adhérer à un parti politique, à un **syndicat** ou à une association et, ainsi, tenter de faire progresser la société dans laquelle tu vivras.

Je découvre la francophonie

La francophonie est l'ensemble des populations qui parlent le français à travers le monde. Au cours de son histoire, la France a occupé de nombreux territoires. Après la proclamation de leur indépendance, ces territoires ont parfois conservé le français, soit comme langue administrative, soit comme langue d'enseignement. Ou bien des minorités francophones vivant sur place ont continué à parler leur langue.

Les pays francophones ont créé l'Organisation internationale de la francophonie (OIF), afin d'organiser leurs actions et de promouvoir la langue française. Ils se rencontrent régulièrement lors de sommets de la francophonie.

Une station de radio (RFI) et une chaîne de télévision (TV5) ont également été créées pour diffuser des émissions en langue française à travers le monde.

J'observe la carte des pays francophones

Aujourd'hui, près de 200 millions de personnes parlent le français à travers le monde (c'est la 10e langue la plus parlée dans le monde). C'est également, avec l'anglais, la seule langue parlée sur tous les continents. L'Europe et l'Afrique sont les deux principaux espaces francophones.

Source des chiffres : *La Francophonie dans le monde*, éd. Nathan – Observatoire de la langue française de l'OIF.

La francophonie dans le monde

Explorateur de la francophonie

Je réalise une fiche sur un pays francophone

Pour apprendre à mieux connaître les pays francophones, choisis un pays sur la carte et réalise sa fiche descriptive.
Elle devra comporter :
- une présentation géographique du pays : continent, superficie, climat, capitale… ;
- une présentation de sa population : nombre d'habitants, langue(s) officielle(s), monnaie utilisée… ;
- la raison pour laquelle on y parle ou on y apprend le français ;
- une photo du pays choisi ;
- un dessin de son drapeau.

Matériel nécessaire :
- Une feuille A4 cartonnée
- Des stylos et des crayons de couleur pour écrire et illustrer la fiche
- De la colle
- Une règle
- Une photographie du pays choisi

Pour réaliser ton affiche :
- Observe bien le modèle de fiche ci-contre pour t'en inspirer.
- Cherche des informations sur le pays choisi dans des manuels, des encyclopédies et sur Internet.
- Cherche sur Internet ou dans des magazines une photographie caractéristique du pays.
- Réfléchis à la présentation de ta fiche : placement du titre, du texte, des illustrations…

La France

Continent : Europe
Superficie : 547 000 km²
Climat : tempéré
Capitale : Paris

Population : 64 millions d'habitants
Langue officielle : français
Monnaie : Euro

Statut du français : le français est la langue officielle de la France. Elle s'est construite à partir de la rencontre de la langue des Romains, de celle des Gaulois et de celle des Francs puis elle s'est enrichie de nombreux apports à travers les siècles.

Vue de Paris, capitale de la France.

Comment fonctionnent

La France est un État démocratique : le pouvoir appartient au peuple, qui élit des représentants auxquels il délègue ce pouvoir.

LA CONSTITUTION, LOI SUPRÊME DE LA RÉPUBLIQUE

Article 1 : La France est une république indivisible, laïque, démocratique et sociale. Elle assure l'égalité devant la loi de tous les citoyens sans distinction d'origine, de race ou de religion. Elle respecte toutes les croyances.
Article 2 : La langue de la République est le français. L'emblème national est le drapeau tricolore bleu-blanc-rouge. L'hymne national est *La Marseillaise*. La devise de la République est : « Liberté, égalité, fraternité ». […]
Article 5 : Le président de la République veille au respect de la Constitution. […]

Doc. 1 — Extrait de la Constitution française de 1958.

1. Quels principes républicains sont rappelés dans la Constitution ?

2. Penses-tu que le président de la République a le droit de ne pas respecter la Constitution ?

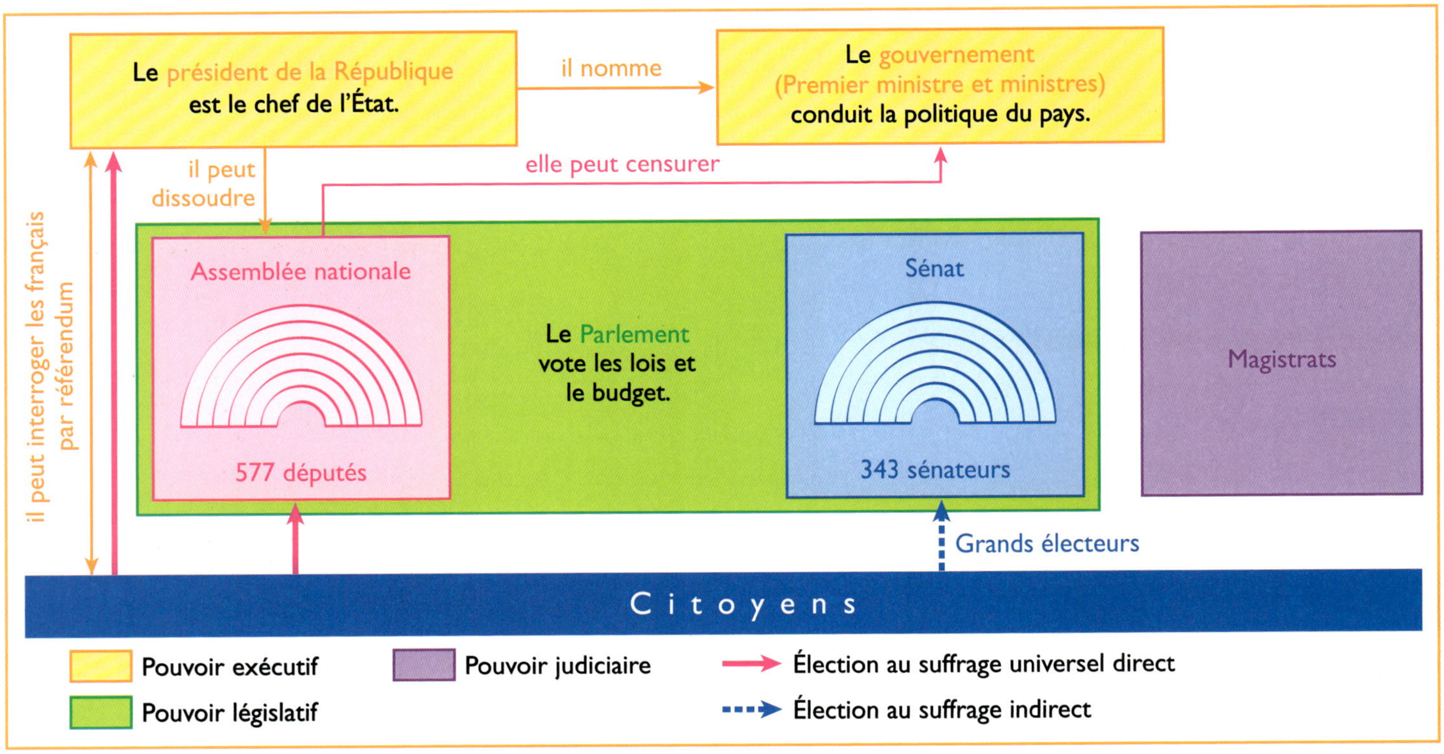

Doc. 2 La séparation des pouvoirs.

3. Quels représentants sont élus directement par les citoyens ?

4. Qu'appelle-t-on le « pouvoir législatif » ? Qui exerce ce pouvoir ?

5. Qu'appelle-t-on le « pouvoir exécutif » ? Qui le détient ?

6. Pourquoi dit-on que la Constitution « sépare » les pouvoirs ?

les pouvoirs de l'État ?

Doc. 3 La responsabilité du gouvernement devant le Parlement
(séance de questions au gouvernement du 30 octobre 2007).
Tous les mardis et mercredis après-midi, l'Assemblée nationale accueille les ministres du gouvernement, qui répondent aux questions des députés. Si ces derniers ne sont pas d'accord avec les décisions prises par les ministres, ils peuvent censurer le gouvernement. Dans ce cas, le président de la République est obligé de nommer un nouveau Premier ministre, qui formera un nouveau gouvernement.

7. Où et quand cette photographie a-t-elle été prise ? Quel événement montre-t-elle ?

8. Comment l'Assemblée nationale contrôle-t-elle le travail du gouvernement ?

Doc. 4 L'indépendance du pouvoir judiciaire
(les juges de la Cour de cassation, octobre 2003).
Le pouvoir judiciaire veille au respect de la loi par les citoyens. Il est exercé par des magistrats professionnels (juges, procureurs…), qui ne sont pas élus par le peuple. La Constitution de 1958 précise que le pouvoir judiciaire est indépendant des pouvoirs législatif et exécutif.

9. Quelle est la fonction du pouvoir judiciaire ? Qui l'exerce ?

10. Pourquoi est-il important que le pouvoir judiciaire soit indépendant des autres pouvoirs ?

Quel est le rôle du

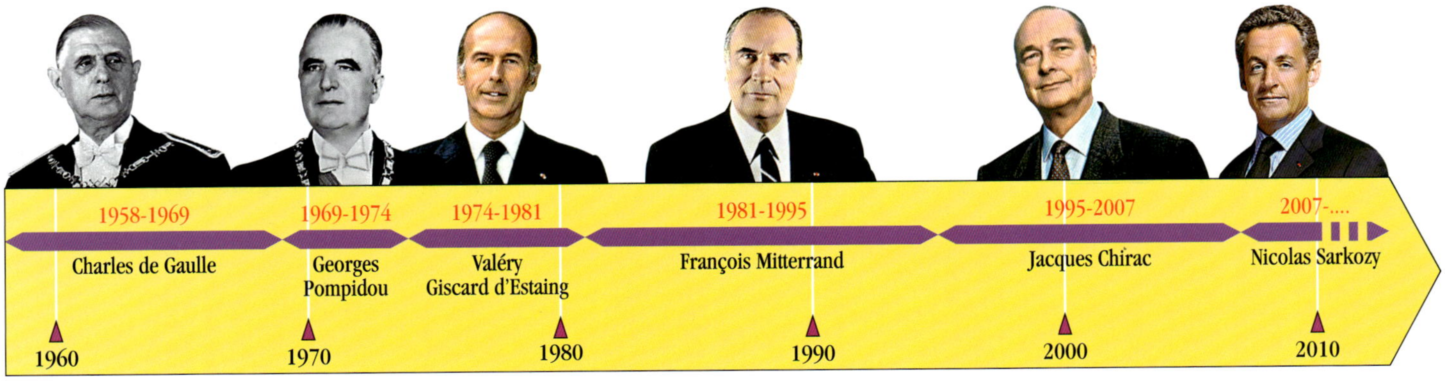

Doc. 1 Le président de la République est un élu du peuple.
Depuis le référendum du 28 octobre 1962, le président de la République est élu au suffrage universel direct. En 2000, un autre référendum a réduit la durée de son mandat de 7 à 5 ans.

1. *Qui est le premier président de la République élu au suffrage universel ?*
2. *Quelle est la durée du mandat présidentiel depuis 2000 ? Par quel moyen la durée du mandat présidentiel a-t-elle été réduite ?*
3. *Quand la prochaine élection présidentielle aura-t-elle lieu ?*

LE PRÉSIDENT DE LA RÉPUBLIQUE EST LE CHEF DE L'ÉTAT FRANÇAIS

2 JUIN
12 h 30 : Rencontre à Clairefontaine avec l'équipe de France de football, à la veille de l'Euro Foot 2008.
15 h 00 : Discours du président de la République devant les administrateurs de l'Éducation Nationale et de l'Enseignement supérieur (recteurs, inspecteurs d'académies, inspecteurs généraux, présidents d'universités).
17 h 00 : Entretien avec M. Pedro Pires, président de la République du Cap Vert.
3 JUIN – Déplacement à Rome pour la Conférence sur la sécurité alimentaire mondiale.
4 JUIN
10 h 00 : Conseil des ministres à l'Élysée.
11 h 30 : Rencontre avec dix architectes-urbanistes dans le cadre du développement urbain de la Région Capitale.
5 JUIN – Déplacement en province sur le thème de la réforme de l'école.
6 JUIN – Visite officielle en République hellénique (Grèce).
7 JUIN – Déplacement de M. le président de la République au Liban.

Extrait de l'agenda du président Nicolas Sarkozy, semaine du 2 au 7 juin 2008, d'après le site Internet : http://www.elysee.fr/actualites.

Doc. 2

4. *En 6 jours, combien de déplacements le président de la République a-t-il effectués ? Vers où ?*
5. *Pourquoi le président de la République voyage-t-il à l'étranger ?*
6. *Cherche ce qu'est et à quoi sert le Conseil des ministres. Quel rôle le président de la République y exerce-t-il ?*

Doc. 3 Le président de la République est une autorité morale (discours du président Jacques Chirac lors de la commémoration de la rafle du Vél' d'Hiv', 16 juillet 1995).

Les 16 et 17 juillet 1942, 13 152 juifs de la région parisienne, dont 4 115 enfants, sont arrêtés par la police française, enfermés au Vélodrome d'Hiver, puis livrés aux Allemands, qui les déportent vers les camps d'extermination. Le 16 juillet 1995, le président Jacques Chirac reconnaît pour la première fois que l'État français a aidé l'Allemagne nazie à déporter les juifs de France.

7. À quelle commémoration le président Jacques Chirac participait-il, le 16 juillet 1995 ?

8. Qu'a reconnu le président ce jour-là dans son discours ?

9. Pourquoi est-ce important ?

LE PRÉSIDENT SYMBOLISE LA CONTINUITÉ DE LA RÉPUBLIQUE

Voici les différentes étapes du protocole de la passation des pouvoirs, mercredi 16 mai 2007 :

- 11 h 00 : arrivée de Nicolas Sarkozy à l'Élysée. Il traversera la cour d'Honneur, passera en revue une unité de la Garde républicaine qui lui rendra les honneurs, et sera accueilli par Jacques Chirac sur le perron.
- Entretien entre les deux hommes dans le bureau présidentiel. C'est à ce moment que l'ancien président transmettra […] les clés de l'arme nucléaire à Nicolas Sarkozy.
- Nicolas Sarkozy se rendra ensuite dans la salle des fêtes de l'Élysée pour la cérémonie d'investiture, à laquelle assistent le Premier ministre démissionnaire, les présidents du Sénat et de l'Assemblée nationale.
- Le président du Conseil constitutionnel proclamera les résultats officiels, investissant ainsi Nicolas Sarkozy 23e président de la République française […].

http://tempsreel.nouvelobs.com/actualites/politique

Jacques Chirac et Nicolas Sarkozy sur le perron de l'Élysée, le 16 mai 2007.

Doc. 4

10. Comment appelle-t-on cette cérémonie ?

11. Où et quand a-t-elle lieu ? À quoi sert-elle ?

12. Quelle étape de la cérémonie est photographiée ?

13. Qui est président au moment où cette photographie est prise ?

14. Pourquoi les présidents des deux chambres du Parlement sont-ils présents ?

15. À quel moment Nicolas Sarkozy devient-il vraiment président de la République ?

Doc. 1 La loi exprime la volonté des citoyens (planche de Plantu).

1. En t'aidant du dessin, explique, étape par étape, comment on fait les lois en France.

2. Pourquoi peut-on dire que l'adoption de la loi est démocratique ?

faites ?

Doc. 2 La loi défend l'intérêt général (la Bibliothèque nationale de France de nuit, Paris).
Les citoyens adoptent des lois en fonction des difficultés qu'ils rencontrent. Par exemple, l'éclairage nocturne de bâtiments publics et privés est un problème pour l'environnement. En juin 2008, la secrétaire d'État à l'Écologie, Nathalie Kosciusko-Morizet, a annoncé le dépôt d'un projet de loi pour agir contre l'éclairage après la tombée de la nuit.

3. Observe cette photographie. L'éclairage te paraît-il normal ou excessif ? Pourquoi ?

4. Qu'a fait la secrétaire d'État à l'Écologie pour agir contre l'éclairage de nuit ?

Doc. 3 La loi est parfois contestée (manifestation contre le Contrat Première Embauche, 4 avril 2006).
En 2006, le Parlement a adopté une loi qui modifiait le droit du travail. Suite aux manifestations qu'elle a provoquées, cette loi n'a jamais été appliquée.

5. Pourquoi ces personnes se sont-elles rassemblées ?

6. Est-ce que leur rassemblement a été efficace ?

CARNET DE ROUTE

La République : un régime démocratique

En France, les **citoyens** élisent librement leurs **représentants** :

– Le **président de la République** est élu au suffrage universel direct depuis 1962. La **Constitution** de la Ve République a d'abord fixé la durée du mandat présidentiel à 7 ans, puis à 5 ans ;

– Les **parlementaires** (les **députés** de **l'Assemblée nationale** et les **sénateurs**) sont également choisis par les citoyens : les 577 députés sont élus pour 5 ans au suffrage universel direct ; les 343 sénateurs sont élus pour 6 ans au suffrage universel indirect ;

– Les conseillers des **collectivités territoriales** (les **communes**, les **départements** et les **régions**) sont élus au suffrage universel direct.

La séparation des pouvoirs, condition de la démocratie

La Constitution de 1958 organise et sépare les pouvoirs afin d'éviter leur concentration dans les mains d'une seule personne :

– Le **pouvoir législatif** adopte la loi et contrôle le pouvoir exécutif. Il est exercé par les parlementaires. La loi est parfois adoptée par **référendum** du peuple lui-même, sur proposition du président de la République. Dans les deux cas, « la loi est l'expression de la volonté générale ».

– Le **pouvoir exécutif** fait appliquer les lois et dirige l'**État**. Ce pouvoir est exercé par le **président de la République** et par le **gouvernement**. Le président de la République promulgue la loi votée en ordonnant à l'administration centrale, aux collectivités territoriales et aux tribunaux de la publier et de l'exécuter. Le président nomme le **Premier ministre**, qui forme le **gouvernement**. Il est aussi le **Chef des armées** et a le **droit de grâce**.

– Le **pouvoir judiciaire** rappelle la loi, garantit à tous son respect, juge et punit les auteurs d'infractions. Il est exercé par des magistrats (juges, procureurs…) qui sont indépendants des autres pouvoirs.

Pourquoi des pays européens

L'Union européenne s'est construite progressivement. Au départ, c'est une zone d'échanges de marchandises qui regroupe 6 pays. Elle rassemble aujourd'hui 27 membres qui ont en commun des valeurs, des institutions et une citoyenneté européenne…

POUR ASSURER LA PAIX

L'Europe a été dévastée par deux guerres mondiales au XXe siècle. Dans cette déclaration prononcée le 9 mai 1950, Robert Schuman, ministre français des Affaires étrangères, appelle les peuples d'Europe à faire la paix. 6 pays répondent positivement à son appel : ce sont les pays fondateurs de l'Union européenne.

La paix mondiale ne saurait être sauvegardée sans des efforts créateurs à la mesure des dangers qui la menacent. La contribution qu'une Europe organisée et vivante peut apporter à la civilisation est indispensable au maintien des relations pacifiques. En se faisant depuis plus de vingt ans le champion d'une Europe unie, la France a toujours eu pour objet essentiel de servir la paix. L'Europe n'a pas été faite ; nous avons eu la guerre. […] Le rassemblement des nations européennes exige que l'opposition séculaire de la France et de l'Allemagne soit éliminée : l'action entreprise doit toucher au premier chef la France et l'Allemagne.

Extrait de la *Déclaration Schuman*, 9 mai 1950.

Doc. 1

1. Selon Robert Schuman, à quoi faut-il mettre fin pour permettre « le rassemblement des nations européennes » ?

2. Pourquoi cette déclaration est-elle considérée comme le début de la construction européenne ?

Doc. 2 Pour regrouper de plus en plus de pays (les étapes de la construction européenne).

3. Quels pays fondent l'Europe des 6 en 1957 ?

4. Combien de pays forment l'Union européenne en 2008 ?

5. Est-ce que tous les pays d'Europe sont membres de l'Union ? Explique ta réponse.

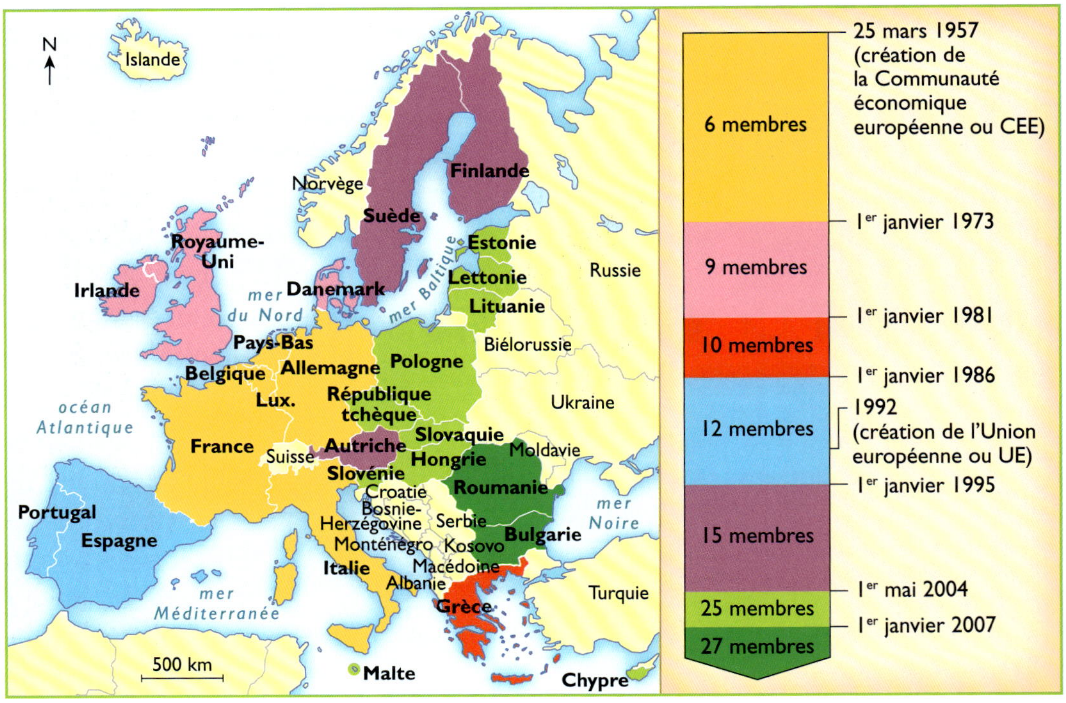

ont-ils formé une Union ?

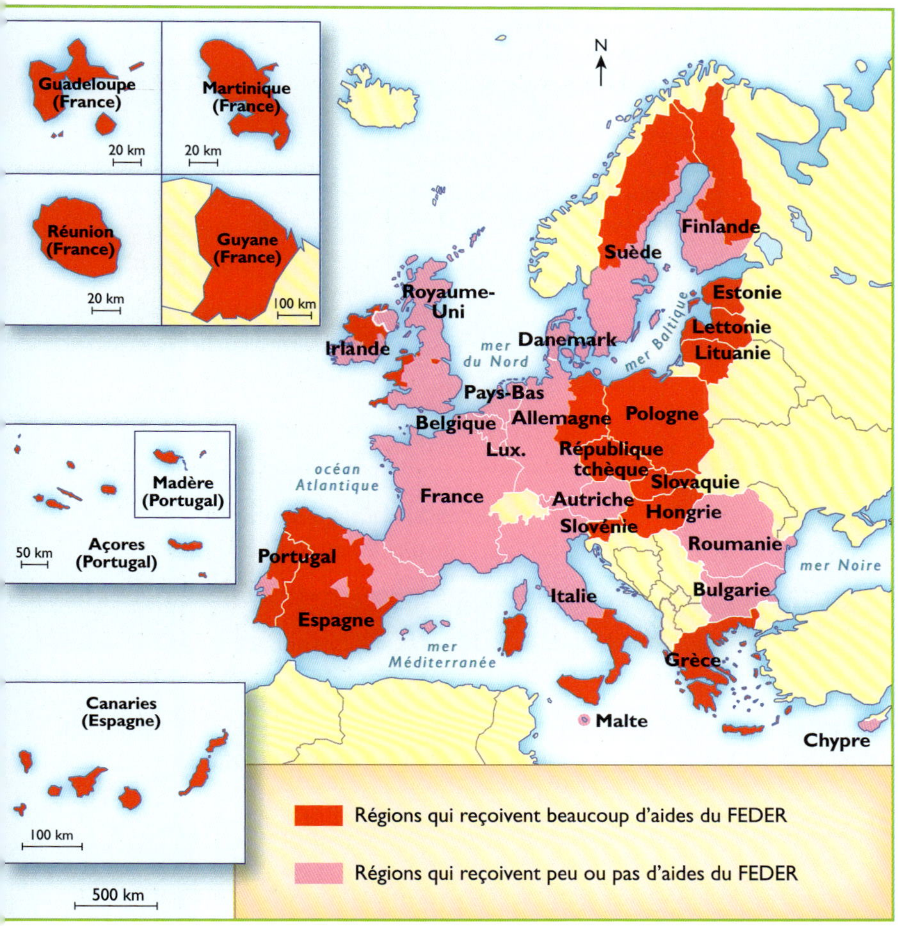

Doc. 3 **Pour faciliter le développement économique**
(la répartition géographique des aides distribuées par le FEDER).
Tous les pays de l'Union européenne versent de l'argent au Fonds européen de développement régional (FEDER) proportionnellement à leurs richesses. Le FEDER redistribue cet argent aux régions les plus pauvres de l'Union. Les autres ne reçoivent pas ou très peu d'aides.

6. Quelles sont les parties de l'Union les plus aidées par le FEDER ?

7. Quels territoires français sont les plus aidés par le FEDER ?

8. Sur quelle valeur repose le fonctionnement du FEDER ?

Doc. 4
Pour respecter la diversité
(campagne de communication pour la Journée de l'Europe, mai 2005).

9. À quelle occasion cette affiche a-t-elle été réalisée ?

10. Où se trouve le drapeau européen ? Décris-le.

11. Que signifie la devise de l'Union européenne écrite en haut de l'affiche ?

12. Cherche le nom de l'hymne européen. Qui l'a composé ?

13. Cherche ce qu'est la Journée de l'Europe. À ton avis, pourquoi cette date a-t-elle été choisie ? Aide-toi du Doc. 1 page 52.

Comment l'Union européenne

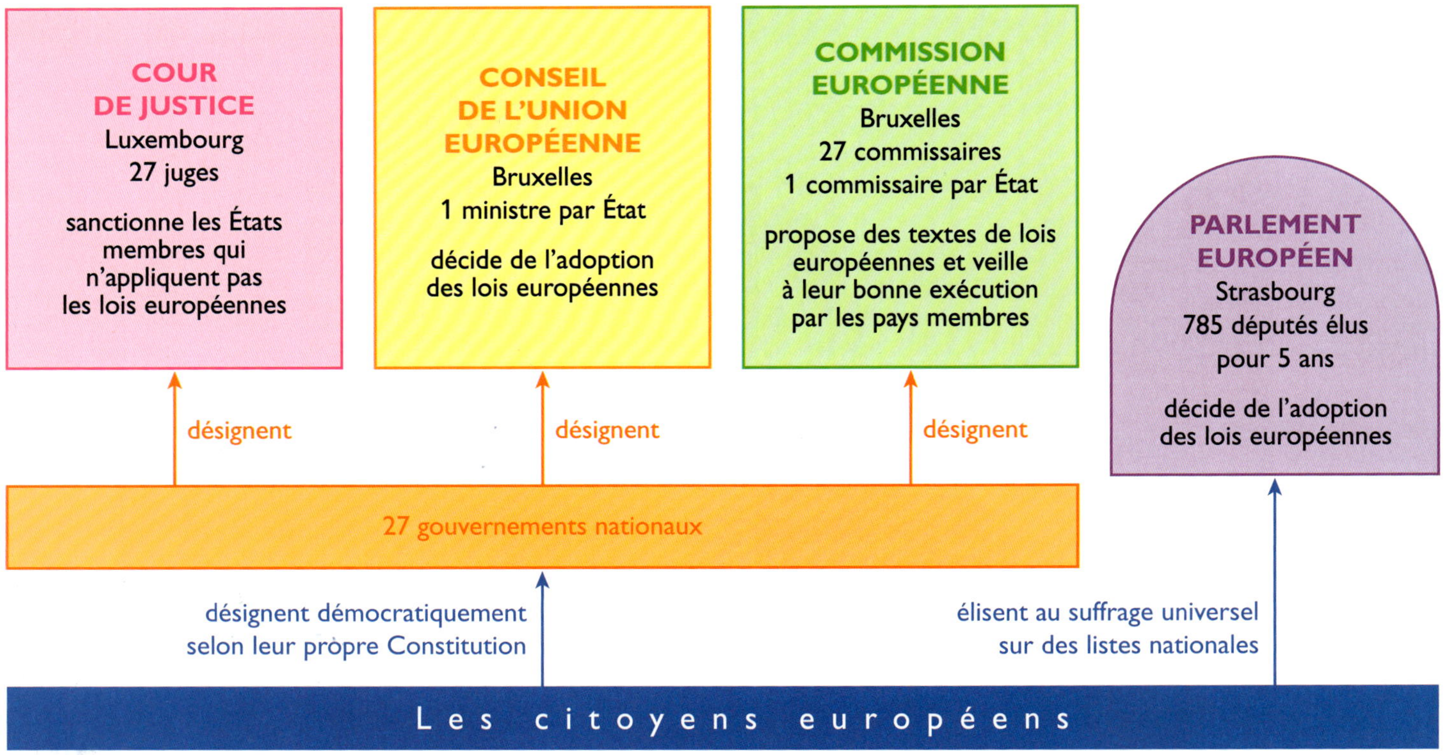

Doc. 1 Grâce à des institutions communes.
Tous les États de l'Union européenne sont des démocraties, dont le fonctionnement repose sur la souveraineté nationale et sur la séparation des pouvoirs. Les institutions européennes sont donc fondées sur les mêmes principes.

1. Quelle est la seule institution européenne élue au suffrage universel ? Où est-elle installée ?

2. Qui a le pouvoir législatif dans l'Union européenne ? Qui a le pouvoir exécutif ?

3. Le fonctionnement de l'Union européenne respecte-t-il le principe de séparation des pouvoirs ? Pourquoi est-ce important ?

GRÂCE AU RESPECT DE LA DÉMOCRATIE ET DES DROITS DE L'HOMME

Le traité de Maastricht, qui crée l'Union européenne en 1992, pose une double condition pour qu'un pays puisse être candidat à l'entrée dans l'Union : appartenir à l'Europe géographique et être un État démocratique respectueux des droits de l'homme.
C'est la Commission européenne qui reconnaît le statut de candidat à un pays. Une fois les discussions commencées, deux autres conditions doivent être remplies pour que la candidature réussisse :
– avoir une économie performante capable de faire face à la concurrence à l'intérieur de l'Union ;
– partager les objectifs de l'Union politique, économique et monétaire.

Doc. 2

4. Quelle est la double condition pour qu'un pays soit candidat à l'entrée dans l'Union européenne ?

5. Quelle institution européenne est chargée d'examiner les candidatures ?

fonctionne-t-elle ?

Doc. 3
Grâce à une monnaie « unique »
(planche représentant les billets et les pièces d'euros).

6. Quel est le nom de la monnaie européenne ?

7. Quel symbole utilise-t-on pour l'écrire sur les pièces et les billets ?

8. Cherche quels pays ont adopté la monnaie européenne pour remplacer leur ancienne monnaie.

9. Cherche quels pays de l'Union européenne ont conservé leur monnaie nationale.

10. Quels avantages apporte une monnaie « unique » ?

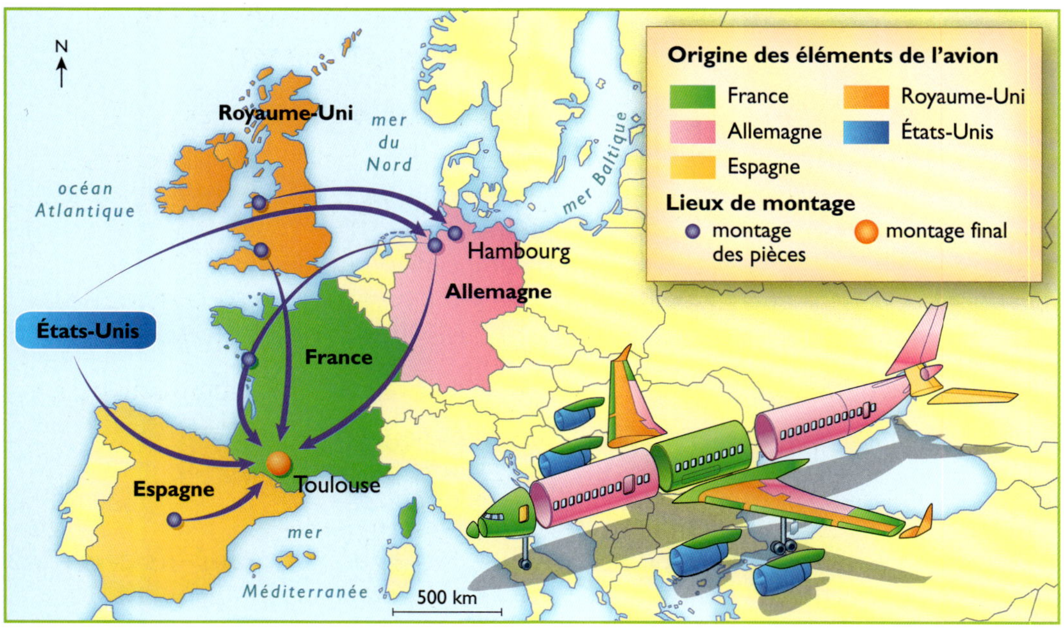

Source : EADS Airbus, 2002.

Doc. 4
Grâce à des réalisations communes (l'Airbus A380 : un avion européen).

11. D'où viennent les éléments de l'Airbus A380 ?

12. Où sont-ils montés en dernier ?

13. Pourquoi dit-on que la construction de l'Airbus A380 est une réalisation européenne ?

Quels sont les droits des citoyens

ÊTRE CITOYEN EUROPÉEN

Article 17 : Il est institué une citoyenneté de l'Union. Est citoyen de l'Union toute personne ayant la nationalité d'un État membre. La citoyenneté de l'Union complète la citoyenneté nationale et ne la remplace pas. Les citoyens de l'Union jouissent des droits et sont soumis aux devoirs prévus par le présent traité.

Extrait du traité instituant la Communauté européenne, janvier 2002.

Doc. 1

1. Qu'est-ce qu'un citoyen de l'Union européenne ?

2. Un ressortissant français est-il citoyen de l'Union européenne ? et un ressortissant russe ? Aide-toi du Doc. 2 page 52.

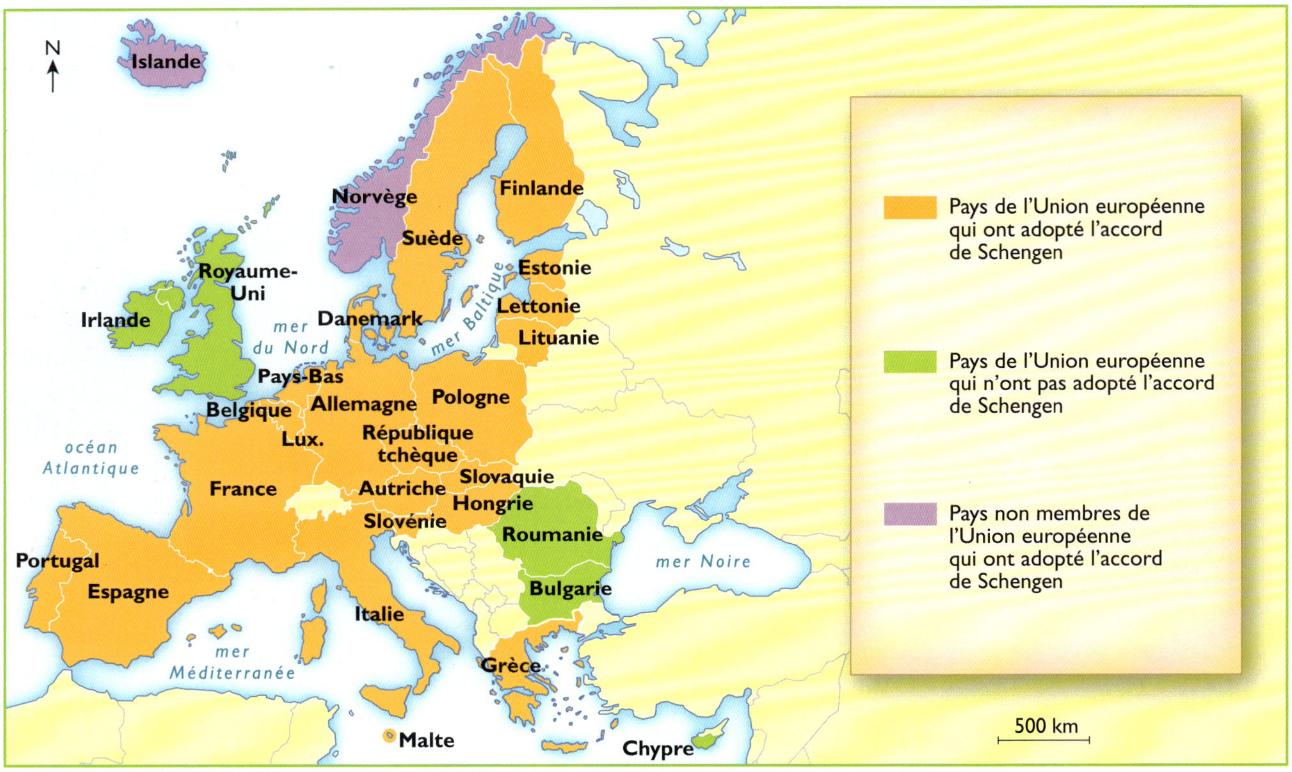

Doc. 2 **Se déplacer dans l'Union européenne** (les pays qui ont signé l'accord de Schengen).
Les citoyens européens ont le droit de circuler sur tout le territoire de l'Union européenne. Ils ont également le droit d'étudier, de résider et de travailler dans les mêmes conditions que les citoyens du pays d'accueil. De plus, les pays de l'Union européenne qui ont adopté l'accord de Schengen (1985) ont supprimé les contrôles d'identité à leurs frontières.

3. Un ressortissant français a-t-il le droit de partir travailler en Pologne ?

4. Qu'est-ce que l'accord de Schengen a supprimé ?

5. Si un ressortissant français part faire un voyage en Allemagne, ses papiers seront-ils contrôlés à la frontière ? et s'il part en Grande-Bretagne ?

européens ?

Liberté • Égalité • Fraternité
RÉPUBLIQUE FRANÇAISE
"VOTER EST UN DROIT, C'EST AUSSI UN DEVOIR CIVIQUE"
SPÉCIMEN
CARTE ÉLECTORALE
délivrée à un citoyen d'un État membre de l'Union européenne autre que la France
La présente carte est valable exclusivement pour
LES ÉLECTIONS AU PARLEMENT EUROPÉEN
LES ÉLECTIONS MUNICIPALES
MINISTÈRE DE L'INTÉRIEUR

Doc. 3 Voter dans l'Union européenne (carte électorale réservée aux citoyens européens vivant sur le territoire français). Les citoyens de l'Union européenne ont le droit de voter et d'être élus aux élections municipales et à celles du Parlement européen dans leur pays de résidence lorsque ce pays appartient à l'Union. En France, les citoyens de l'Union européenne sont les seuls étrangers qui peuvent participer à des élections.

6. Comment appelle-t-on ce document ?

7. Quels indices montrent qu'il s'agit d'un document officiel ?

8. À qui ce document est-il réservé ?

9. Quel droit ce document donne-t-il à celui qui le possède ?

PROPOSER DES LOIS EUROPÉENNES

Le traité de Lisbonne (2007) veut rendre le fonctionnement de l'Union européenne plus efficace et plus démocratique. Pour entrer en vigueur, ce traité doit être ratifié dans les 27 pays membres de l'Union avant le 1er janvier 2009.

Ce que prévoit le traité de Lisbonne :

• la création d'un droit d'initiative citoyenne des lois : 1 million de citoyens « d'un nombre significatif d'États membres » peuvent inviter la Commission à soumettre une proposition (de loi) à l'Union sur un sujet particulier.

D'après le site Internet http://www.vie-publique.fr.

Doc. 4

10. Quel droit nouveau est créé par le traité de Lisbonne ?

11. En quoi ce droit est-il un progrès démocratique ?

CARNET DE ROUTE

Une Union, pour quoi faire ?

L'**Union européenne** est l'association de 27 pays, en 2008, qui ont en commun :
- la libre circulation des marchandises et des personnes ;
- des institutions démocratiques ;
- le respect des droits de l'homme ;
- une monnaie « unique » : l'**euro**.

L'Union européenne a ses symboles : un **drapeau** (12 étoiles dorées sur fond bleu), un **hymne** (*L'Ode à la joie*, tirée de la *Neuvième symphonie* de Beethoven), une **devise** (« Unie dans la diversité ») et une **Journée de l'Europe** (pour commémorer l'anniversaire de la *Déclaration* de Robert Schuman, le 9 mai 1950).

Des institutions démocratiques

Le fonctionnement des institutions communes est démocratique. Par exemple, l'adoption des lois européennes cherche à établir l'accord le plus grand entre les États de l'Union. La proposition de loi de la **Commission européenne** est d'abord discutée par le **Parlement** et par le **Conseil de l'Union européenne**, qui décident de son adoption ou de son rejet. La **Cour de Justice des communautés européennes** (CJCE) veille au respect des lois européennes.

Une citoyenneté commune

La **citoyenneté européenne** a été créée par le traité de Maastricht. Elle ne remplace pas la citoyenneté nationale, mais elle la complète en accordant de nouveaux droits à toute personne possédant la nationalité d'un pays de l'Union. Par exemple :
- le droit de circuler, de résider et de travailler sur le territoire de l'Union ;
- le droit de voter et d'être élu aux élections municipales et à celles du Parlement européen dans un pays membre dont on n'est pas ressortissant.

J'OBSERVE LES PROBLÈMES DE LA PLANÈTE

Être un citoyen du monde, c'est notamment se sentir responsable de notre planète et agir pour la protéger. Aujourd'hui, trois dangers la menacent : la pollution, les déchets et le gaspillage des ressources naturelles.

- L'air que nous respirons est de plus en plus pollué, surtout dans les villes à cause des véhicules qui rejettent du CO_2. Les usines sont également sources de pollution de l'air.

Le nuage de pollution au-dessus de Grenoble (France).

Des cigognes blanches sur une décharge publique, Espagne.

- Les déchets abandonnés dans la nature peuvent mettre plusieurs dizaines d'années à se décomposer et sont un danger pour les hommes, les animaux et les végétaux.

- Les différentes ressources naturelles que nous utilisons (eau, pétrole…) ne sont pas inépuisables. Or, nous en gaspillons beaucoup, par exemple en laissant les robinets couler ou les lumières allumées.

Un robinet mal réglé qui goutte.

Je crée une affiche pour convaincre les gens à protéger la planète

Tu ne peux pas protéger la planète tout(e) seul(e). Mais si chacun décide d'agir, en triant ses déchets, en utilisant les transports en commun plutôt que la voiture, en économisant l'eau… cela peut faire la différence. Si tu pouvais demander à 1 million de personnes de faire quelque chose pour sauver la planète, que leur demanderais-tu ?
Par groupes, créez une affiche pour illustrer vos idées.

Matériel

- Une feuille de papier A3
- Des feuilles de papier A4
- Des feutres ou de la peinture
- Des photographies ou des illustrations à coller

1. Le choix du thème et du slogan

- Choisissez ensemble l'un des thèmes évoqués p. 58 : le gaspillage des ressources naturelles, le tri des déchets ou la pollution de l'air.
- Chacun de votre côté, réfléchissez à des idées pour illustrer le thème retenu et cherchez un slogan.
- Mettez en commun vos idées. Choisissez celle qui vous paraît la meilleure et le slogan le plus efficace.

2. Réaliser l'affiche

- Choisissez une technique pour illustrer votre affiche : dessin, peinture, photographie, collage…
- Réfléchissez à la disposition des éléments : où mettre le slogan ? les illustrations ? Faites des schémas sur les feuilles A4 pour vous aider.
- Quand vous êtes tous d'accord, réalisez votre affiche sur la feuille A3.

Les dates de l'instruction

1790 | 1800 | 1810 | 1820 | 1830 | 1840 | 1850 | 1860 | 1870 | 1880 | 1

1789
Révolution française
Adoption de la *Déclaration des droits de l'homme et du citoyen* (26 août 1789)

1830
Adoption du drapeau tricolore bleu-blanc-rouge comme drapeau français

1880
Adoption de *La Marseillaise* comme hymne national français

Monarchie – **Ire République** – **Consulat** – **Ier Empire** – **Restauration** – **IIe République** – **IInd Empire**

1848
Abolition de l'esclavage dans les colonies françaises
Suffrage universel masculin
« Liberté-Égalité-Fraternité », devise de la République française

1881-1882
Lois Ferry :
école primaire obligatoire, gratuite et laïque pour tous les enfants de 6 à 13 ans

CLÉS

CIVIQUE ET MORALE

1910 1920 1930 1940 1950 1960 1970 1980 1990 2000

1944
Droit de vote
et d'éligibilité
pour les femmes

1965
Première élection d'un président
de la République française au suffrage
universel direct

1989
Convention internationale
des droits de l'enfant

1958
Constitution de la Ve République

905
›i de séparation
›s Églises et de l'État

1992
Traité de Maastricht :
création de l'Union européenne

IIIe
›UBLIQUE

ÉTAT
FRANÇAIS

IVe
RÉPUBLIQUE

V^e^
RÉPUBLIQUE

1945
Création de la Sécurité sociale

1997
Réforme du service
national : adoption du
« parcours de citoyenneté »

1948
*Déclaration universelle
des droits de l'homme*

1950
Déclaration Schuman,
point de départ de la
construction européenne

1986
Premier sommet
de la francophonie

Petit dictionnaire de l'instruction civique et morale

A

Allocation-chômage : somme d'argent versée aux personnes privées d'emploi pour compenser la perte de leur salaire.

Assemblée nationale : une des deux chambres du Parlement français, qui propose, discute et vote les lois.

Assuré social : personne qui est protégée par la Sécurité sociale.

C

Citoyenneté européenne : droits et devoirs communs à tous les ressortissants d'un pays de l'Union européenne.

Code de la route : il regroupe toutes les règles de circulation sur la voie publique. Il doit être respecté par toutes les personnes qui se déplacent.

Commission européenne : institution de l'Union européenne, qui propose les textes des lois européennes.

Conseil de l'Union européenne (ou Conseil des ministres de l'Union) : institution de l'Union européenne, qui décide – avec le Parlement européen – de l'adoption des lois européennes.

Constitution : texte fondamental qui définit les valeurs d'un pays, les droits de ses citoyens et son mode de gouvernement.

Cour de justice des communautés européennes : institution de l'Union européenne, qui applique les lois européennes pour trancher les conflits entre les pays membres ou entre un pays membre et un citoyen européen.

D

Député : personne élue au suffrage universel direct pour proposer, discuter et voter les lois. En France, les députés siègent à l'Assemblée nationale.

Devise : formule qui exprime les valeurs d'un peuple. La devise de la République française est « Liberté, Égalité, Fraternité ».

Devoir : obligation qui s'impose à tous et partout.

Dignité : respect que mérite une personne.

Discrimination : fait de séparer une personne ou un groupe de personnes des autres en la/le traitant plus mal.

Droits civils : ensemble des droits qui protègent la liberté de la personne (liberté d'opinion, d'expression, de circulation, de religion, etc.).

Droits civiques : ensemble des droits qui permettent aux citoyens de participer au pouvoir (droit de vote, droit d'éligibilité, etc.).

Droit de grâce : possibilité qu'a le président de la République de lever la peine d'une personne condamnée par la justice.

E - F

Effigie : représentation (en peinture, en sculpture) d'une personne. *Marianne* est l'effigie de la République française.

Estime de soi : respect de soi.

Fraternité : sentiment d'appartenir à une même communauté. La fraternité fait partie de la devise de la République française (« Liberté, Égalité, Fraternité »).

H - I

Hymne national : chant solennel en l'honneur d'un pays. L'hymne national français est *La Marseillaise*.

Impôt sur le revenu : somme d'argent prélevée par l'État. Elle est proportionnelle aux revenus déclarés par les citoyens.

Infraction : action, parole ou comportement interdits par la loi.

L

Laïcité : séparation des Églises et de l'État ; l'État n'exerçant aucun pouvoir religieux et les Églises aucun pouvoir politique.

Loi : règle qui s'impose à toutes les personnes et partout.

P

Parlement de l'Union européenne : institution de l'Union européenne, qui décide – avec le Conseil de l'Union – de l'adoption des lois européennes.

Parlementaire : personne élue par les citoyens pour proposer, discuter et voter les lois. En France, les parlementaires siègent à l'Assemblée nationale ou au Sénat.

Pouvoir exécutif : pouvoir de mettre en œuvre les lois et de conduire la politique nationale.

Pouvoir judiciaire : pouvoir d'appliquer les lois pour trancher les conflits entre les personnes ou entre ces dernières et l'État.

Pouvoir législatif : pouvoir de proposer, de discuter et de voter les lois, mais également de contrôler le pouvoir exécutif.

Président de la République : chef du pouvoir exécutif. En France, il est élu par les citoyens au suffrage universel direct pour une durée de 5 ans.

R

Référendum : consultation des citoyens sur un projet de loi. Ceux-ci votent en répondant par oui ou par non à la question qui leur est posée par le président de la République.

Règle : conduite à tenir dans un cas déterminé (règles de politesse, règles de circulation…).

République : régime politique qui repose sur la souveraineté nationale et l'égalité des droits des citoyens.

Respect : fait de reconnaître à toutes les personnes les mêmes droits et les mêmes devoirs que les siens.

S

Sécurité sociale : système de protection commune aux personnes vivant en France contre des risques (la maladie, la vieillesse…)

Sénateur : personne élue au suffrage universel indirect par les citoyens pour proposer, discuter et voter les lois. En France, les sénateurs siègent au Sénat.

Solidarité : fait de s'entraider et de ne pas être indifférent aux autres.

Souveraineté : pouvoir suprême. En France, la souveraineté appartient au peuple qui l'exerce par ses représentants et par la voie du référendum.

Suffrage universel : droit de vote pour tous les citoyens majeurs des deux sexes. Il peut être direct (les électeurs votent directement pour un candidat) ou indirect (les électeurs élisent des représentants qui eux-mêmes choisissent parmi plusieurs candidats).

Syndicat : association de personnes appartenant à une même catégorie professionnelle qui défendent leurs intérêts.

T - U

Tolérance : fait d'accepter chez les autres leurs manières d'être, de penser et d'agir…

Union européenne : association de pays européens, qui partagent un idéal de paix, de prospérité et de défense des droits de l'homme.

Crédits photographiques

Rabat avant : © Collection Dagli Orti/Musée Carnavalet Paris/Ginni Dagli Orti. **Garde avant :** palais de l'Élysée, © Bernard Annebicque/Corbis Sygma ; Assemblée nationale, © Hervé Champollion/Top/Eyedea ; palais du Sénat, © Massimo Borchi/Atlantide Phototravel/Corbis ; hôtel de région du Languedoc-Roussillon, © Angelo Hornack/Corbis ; hôtel de département des Pyrénées-Orientales, © M. Jauzac/CG66.fr ; mairie de Perpignan, © photo mairie de Perpignan – P. Marchesan. **P. 5 :** © Photo Josse/Leemage. **P. 7 :** © Civisme et Démocratie – CIDEM. **P. 9 :** © Alain Buu/Gamma/Eyedea. **P. 11 :** © Stefan Pleger. **P. 12 :** © ministère de l'Éducation nationale et association La Mouette. **P. 14 :** © Cédric Delsaux. Cepas. **P. 15 :** © Photo D.S.C.R.F. Cepas. **P. 18 : h.** © Collection Dagli Orti/Musée du château de Versailles/Gianni Dagli Orti. **P. 19 :** © JP Laffont/Sygma/Corbis. **P. 20 :** © MRAP. **P. 22 :** © SAXPIX.COM/Age Fotostock/Hoa-Qui/Eyedea. **P. 23 :** © Photo D.S.C.R. **P. 27 :** © akg-images. **P. 28 :** © Nogues Alain/Corbis Sygma. **P. 29 : h.** © SGA/DSN ; **b.** © Rémi Laine/Gamma/Eyedea. **P. 30 :** © Pascal Sittler/Réa. **P. 31 :** © Benoît Teillet. **P. 33 :** © Photo Josse/Leemage. **P. 34 : h.** © Aisa/Leemage ; **b.** © Gaston Paris/Roger-Viollet. **P. 35 : h.** © Selva/Leemage ; **b.** © Marc Verhille/Mairie de Paris. **P. 36 : h.** © Photo Josse/Leemage ; **b.** © Photo Josse/Leemage. **P. 37 :** © Musée national de l'éducation – I.N.R.P – Rouen. **P. 39 : h.** © Attar Maher/Corbis Sygma ; **b.** © Direction générale des impôts. **P. 40 : h.** © Civisme et démocratie – CIDEM ; **b.** affiche de Gérard Schivardi, © Parti ouvrier indépendant, affiche d'Arlette Laguiller, © document Lutte ouvrière ; affiche d'Olivier Besancenot, © LCR ; affiche de José Bové, © José Bové ; affiche de Marie-Georges Buffet, © PC ; affiche de Dominique Voynet, © Yann Arthus-Bertand/L'Agence verte, affiche de Ségolène Royal © Emanuele Scorceletti/magazine Elle pour la photographie ; affiche de François Bayrou, © MoDem ; affiche de Nicolas Sarkozy, © UMP ; affiche de Frédéric Nihous, © CPNT ; affiche de Philippe de Villiers, © MPF ; affiche de Jean-Marie Lepen, © Front national. **P. 41 : h. g.** © *Libération* et © Laurent Troudé pour la photographie ; **h. d.** © *Le Figaro*, 2007. **P. 42 : h.** © Ville de Dijon ; **b.** © Lefevre Sylvain/Sipa. **P. 43 :** © ADEME. **P. 45 :** © François Bibal/Rapho/Eyedea. **P. 47 : h.** © Denis/Réa ; **b.** © Bassignac Gilles/Gamma/Eyedea. **P. 48 :** Portrait de Charles de Gaulle, président de la République française (1958-1969), © La Documentation française. Photo Jean-Marie Marcel ; portrait de Georges Pompidou, président de la République française (1969-1974), © La Documentation française. Photo François Pagès/Paris-Match ; portrait officiel de Valéry Giscard d'Estaing, président de la République française (1974-1981), © La Documentation française. Photo Jacques-Henri Lartigue ; portrait de François Mitterrand président de la République française (1981-1995), © La Documentation française. Photo Gisèle Freund ; portrait de Jacques Chirac, président de la République française (1995-2007), © La Documentation française. Photo Bettina Rheims ; portrait officiel de Nicolas Sarkozy, président de la République française (depuis 2007), © La Documentation française. Photo Philippe Warrin. **P. 49 : h.** © Jacques Langevin/Standard DG/Corbis Sygma ; **b.** © AFP Photo/Jacques Demarthon. **P. 50 :** © Plantu. **P. 51 : h.** © PHOTOPQR/ *Le Parisien*/ Guy Gios ; **b.** © Chamussy/Sipa. **Pp. 53 et 55 :** © Commission européenne – D.R. **P. 57 :** © ministère de l'Intérieur. **P. 58 : h.** © Xavier Testelin/Rapho/ Eyedea ; **m.** © John Cancalosi/Age Fotostock/Hoa-Qui/Eyedea ; **b.** © Photo12.com – Alamy. **P. 60 : h.** © Aisa/Leemage ; **b. g.** © Collection Dagli Orti/Musée du château de Versailles/Gianni Dagli Orti ; **b. d.** © Bianchetti/Leemage. **P. 61 : h.** © Delius/Leemage ; **b.** © Keystone France/Eyedea. **Rabat arrière : h.** © Gaston Paris/Roger-Viollet ; **b.** © Frédérik Astie/Sygma/Corbis. **Garde arrière : h. g.** Jan Van de Vel/Reporters-Réa ; **h. d.** akg-images/Raine Hacken berg ; **m. g.** Jan Peter Boening/Zenit-Laif/Réa ; **b. g.** © Jose Fuste Raga/Age Fotosctock/Hoa-Qui/Eyedea ; **b. d.** Rainer Unkel/Réa.

Achevé d'imprimer en Espagne par CAYFOSA
Dépôt légal 09/2011 - Collection n°74 - Edition 05 - 11/7445/7